INVENTAIRE
V32236

BIBLIOTHÈQUE
DE LA MAITRESSE DE MAISON

LE LIVRE
DE
LA PHAGOTECHNIE
UNIVERSELLE.

PARIS
CH. PLOCHE, LIBRAIRE-ÉDITEUR
5, place de la Bourse, 5.

LE LIVRE

DE

LA PHAGOTECHNIE

UNIVERSELLE,

OU

L'ART DE MANGER CHEZ TOUS LES PEUPLES

Par **HIPPOLYTE ETIENNEZ**.

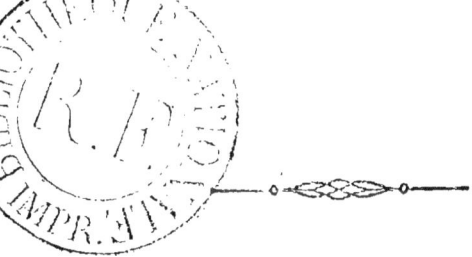

PARIS
CHEZ PLOCHE, ÉDITEUR,
5, Place de la Bourse.

1852

PARIS. IMP. DE SCHILLER AINÉ, 11, RUE DU FAUB.-MONTMARTRE.

DE LA CUISINE EN GÉNÉRAL

ET DES CUISINIERS EN PARTICULIER.

La phagotechnie est l'art de bien manger.

Notre but, en écrivant ces lignes, n'est point de faire l'éloge de cet art, qui se recommande suffisamment par lui-même, et auquel il n'est personne qui ne rende hommage à sa manière, soit ostensiblement, soit en secret. Notre intention unique est d'en retracer l'histoire.

Chez les peuples les plus anciens, nous voyons la cuisine honorée au point que les plus illustres personnages ne dédaignaient pas d'y mettre la main. La Bible nous représente Abraham mettant à la broche un veau tout entier, pour recevoir trois convives; dans le même livre, Rebecca apprête pour Isaac seul deux chevreaux. Si nous consultons Homère, nous y trouvons Eumée faisant rôtir un grand porc de cinq ans pour traiter Ulysse et quatre officiers de sa suite; Achille, le grand Achille! aidé de Patrocle, le grand Patrocle! prépare un festin dans sa tente pour les députés des Grecs qui viennent l'inviter à se réconcilier avec Agamemnon. Du reste, tous les héros de l'Illiade faisaient eux-mêmes la cuisine. Ils n'en mangeaient peut-être pas mieux pour cela; mais, à cette époque, il s'agissait encore moins de manger bien que de manger beaucoup, et, comme nous venons de le voir, on cuisinait en conséquence. Les peuples primitifs, comme les enfants, ont toujours préféré la quantité à la qualité.

Les Athéniens furent les premiers, parmi les Grecs, qui introduisirent une certaine recherche dans la préparation de leurs mets; ils avaient des basses-cours abondamment fournies, et des pourvoyeurs qui parcouraient à leur intention les quatre bouts du monde ; — dans ce temps-là, le monde avait des bouts. — C'est à eux que les Romains empruntèrent le goût du luxe et de la bonne chère. Ce goût fut même poussé si loin à Rome, que, sous les empereurs, il y avait des professeurs qui enseignaient aux gourmets la manière de boire et de mâcher.

Dès lors l'art culinaire devint réellement un art, et il fallut en abandonner la direction à des hommes spéciaux. Les premiers cuisiniers furent des esclaves, mais ils ne tardèrent pas à captiver les bonnes grâces de leurs maîtres, qui les comblaient de dons et leur rendaient souvent la liberté. Antoine se montra encore plus reconnaissant : il recevait à souper Cléopâtre ; cette princesse, aussi gourmande que belle, à ce qu'il paraît, vanta la délicatesse du repas ; aussitôt son amphytrion fit appeler le cuisinier et lui donna une ville en récompense.

A cette époque, les meilleurs cuisiniers venaient de Sicile ; on leur donnait des prix fous. Un d'eux a été payé par un sénateur romain quatre talents, ce qui revient à dix-neuf mille livres de notre monnaie.

Ces cuisiniers étaient d'une habileté merveilleuse. Néron en avait un qui, avec du cochon seul, préparait des tourterelles, des poulardes, des canards et même du poisson, au point de s'y méprendre. Mais le plus célèbre en ce genre est le fameux *Trimalcion*, dont nous parle Athénée. Lorsque Trimalcion ne pouvait se procurer des poissons rares et estimés, il savait si bien les imiter, pour la forme et pour le goût, avec des poissons communs, que les plus fins gourmets y étaient trompés.

Du reste, Louis XV avait également un cuisinier qui, le vendredi saint, servait au roi un dîner où paraissaient des volailles, des pièces de boucherie, du gibier, le tout fait avec des légumes accommodés au maigre.

D'après ce qui précède, il est facile de comprendre le degré d'importance que, sous nos rois, les cuisiniers sont parvenus à se donner. Bientôt leur profession devint une charge; ils prirent le nom d'*officiers de bouche*, et se trouvèrent classés immédiatement au dessous des plus puissants seigneurs de la cour, auxquels étaient confiées les fonctions de grand échanson, de grand bouteiller, de grand pannetier, et même, sous saint-Louis, de grand *poulailler* du roi.

DU REPAS CHEZ LES ANCIENS.

Avant d'emprunter à l'Asie son luxe et sa mollesse, la Grèce avait eu sa période d'austérité; avant de prendre modèle sur la Grèce, Rome avait également eu la sienne. Rome offre donc le résumé de toutes les transformations subies par les peuples qui l'avaient précédée dans la civilisation. En donnant l'histoire des repas chez les Romains, nous donnons l'histoire des repas chez tous les anciens.

Les Romains avaient deux repas principaux : le dîner et le souper; encore le dîner n'était-il qu'une espèce de collation très frugale que l'on prenait à midi, dans son particulier. Le souper, au contraire, était un repas soigneusement préparé, auquel on conviait d'habitude ses parents et ses amis; il commençait entre la neuvième et la dixième heure du jour, ou, comme nous disons, entre trois et quatre heures du soir,

Dans les premiers temps de la république, on

servait le souper dans l'*atrium*, espèce de vestibule ouvert et exposé à la vue des passants. Ces vestibules servait à la fois de cuisine, de salle à manger et de salon de réception ; mais cette coutume, qui avait à la vérité de graves inconvénients, ne tarda pas être abandonnée, et bientôt, malgré les défenses réitérées du sénat, les riches ne mangèrent plus que dans l'intérieur de leurs maisons.

Lucullus, ce célèbre gastronome qui vivait environ un siècle avant notre ère, et à la prodigalité duquel nous aurions peine à croire, si les auteurs les plus véridiques n'en faisaient foi, avait dans son palais douze salles à manger, diversement décorées et consacrées chacune à une divinité différente. On sait comment il régala Cicéron et Pompée. Ces deux Romains l'ayant rencontré sur la place, lui demandèrent à souper ; Lucullus s'en défendit d'abord et les pria de remettre la partie à un autre jour ; ceux-ci insistèrent, vinrent chez lui sur-le-champ, et le gardèrent à vue pour qu'il ne donnât aucun ordre secret à ses gens ; seulement, avec leur permission et en leur présence, il ordonna à son maître-d'hôtel de mettre le couvert dans la salle d'Apollon. Dix minutes après, le souper était servi avec une magnificence inimaginable et dont Cicéron et Pompée demeurèrent stupéfaits. Pour comprendre l'énigme, il faut savoir que le nom du salon choisi par le maître suffisait pour désigner la dépense qu'il voulait faire ; les repas de la salle d'Apollon étaient de cinquante mille drachmes, c'est-à-dire de vingt mille livres de notre monnaie environ.

Néron, dans sa maison d'or, ainsi nommée parce qu'elle était lambrissée de plaques de ce métal, avait une salle à manger dont les plafonds mobiles représentaient les révolutions du ciel, et s'entr'ouvraient par intervalle pour laisser pleuvoir sur les convives des fleurs et des parfums.

Les tables des Romains ne furent d'abord que d'un bois commun, carrées et à quatre pieds; dans la suite, ils en eurent de rondes et d'ovales, soutenues d'un seul pied, artistement sculptées, incrustées d'écaille ou d'ivoire; celles d'Héliogabale étaient en or pur. Elles étaient nues, et à chaque service on avait soin de les essuyer avec une éponge. Ce ne fut que sous les empereurs que les Romains commencèrent à les couvrir de nappes rayées de bandes de pourpre et d'or.

Longtemps les Romains, comme les Grecs, dînèrent assis; ils ne commencèrent à manger couchés que vers la fin de la seconde guerre punique; les femmes n'adoptèrent même cette coutume que sous le règne des premiers Césars, et les jeunes hommes qui n'avaient point pris la robe virile restèrent encore bien plus longtemps sous l'ancienne discipline; ils s'asseyaient, auprès de leurs parents, sur le bord du lit.

On était couché sur ces lits, ayant la partie supérieure du corps un peu élevée et soutenue par des coussins, et la partie inférieure étendue en long derrière le dos de son voisin; on s'appuyait sur le coude gauche, on se servait de la main droite.

Pour mettre la table et les convives à couvert de la poussière, on suspendait au-dessus une pièce de draperie.

Les lits, d'abord d'un bois assez commun, fort bas, rembourrés seulement de paille ou de foin, recouverts de peaux de chèvre ou de mouton, ne tardèrent pas à devenir, comme les tables, des objets merveilleux de luxe et de travail; on en fit d'argent massif, garnis de tapis d'or, et dont les coussins étaient remplis de poil de lièvre ou de ce léger duvet qu'on trouve sous les ailes des perdrix.

On rangeait ordinairement trois de ces lits autour de la table, de façon qu'il restât toujours un côté libre pour le service. Chaque lit pouvait contenir trois, quatre, quelquefois cinq personnes; ils étaient élevés d'environ quatre à cinq pieds, et avaient un dos.

Les Romains avaient coutume de se rendre au repas à la sortie du bain; ils étaient habillés d'une robe plus ou moins légère, suivant la saison, et qui n'était retenue que par une agrafe sur l'épaule; le plus souvent cette robe était blanche. On regardait comme une inconvenance inexcusable de se présenter sans cette robe dans un festin; cependant il arrivait souvent que les convives la prenaient dans un vestiaire, où l'amphytrion en tenait une grande quantité à leur disposition.

Avant de se mettre à table, on avait soin d'ôter ses souliers, qu'on laissait aux pieds des lits, et de les remplacer par des pantoufles, afin de ne point salir les coussins. Des esclaves apportaient aux convives de l'eau parfumée pour leur laver les pieds et les mains, puis des couronnes qu'ils leur plaçaient sur la tête, sur le front, voire même autour du cou.

Chaque convive avait son rang et sa place marquée à table : le maître de la maison occupait la place d'honneur, c'est-à-dire la seconde du lit du milieu; celle au-dessous de lui était pour sa femme, car les dames romaines, à l'opposé des dames grecques, assistaient à tous les repas de leurs maris; celle au-dessus était pour le convive le plus marquant : on la nommait la place consulaire.

Les invités s'étendaient ensuite sur l'un des deux lits vacants; les *ombres* et les *parasites* se couchaient sur l'autre. On appelait *ombres* les convives que les invités avaient la faculté d'amener, et *parasites* ceux qui s'invitaient eux-mêmes.

Les Romains faisaient usage de serviettes; mais elles n'étaient jamais fournies par le maître de la maison. Chaque convive faisait apporter la sienne par un esclave qui était également chargé de la remporter. Le plus souvent la serviette ne s'en retournait pas vide ; on y mettait quelques pièces du souper ; on pouvait même, au milieu du repas, en envoyer à sa femme, à ses parents, à ses voisins, à ses amis.

Quand tout le monde avait pris place, on distribuait les coupes.

Les premiers ustensiles dont se servirent les anciens pour boire n'étaient que des cornes de bœuf évasées auxquelles on conservait leur forme ; on en fit ensuite d'argile et de bois ; les riches en eurent de cuivre ; on n'en voyait guère d'or et d'argent que dans les palais des rois. Sous l'empire de Néron, dit Pline, on commença à faire des vases et des coupes de verre (le verre était connu depuis longtemps) imitant le cristal ; ces vases, qu'on tirait d'Égypte et surtout d'Alexandrie, étaient très-rares et coûtaient fort cher.

Après la distribution des coupes, on faisait des libations, on élisait le roi du festin.

Outre les nombreux esclaves qui servaient à table, il y en avait aussi qui donnaient de l'air avec de grands éventails de plumes et qui chassaient les mouches. Tous étaient lestement vêtus et couronnés de roses ou de lierre, comme leurs maîtres.

Les repas des Romains se composaient généralement de trois services ; le premier comprenait les œufs, les légumes, les salades ; le second, les viandes et le poisson ; le troisième, les fruits.

Entre chaque service on *buvait les couronnes*, c'est-à-dire le vin dans lequel les couronnes que l'on portait sur la tête avaient été trempées.

Pendant les préparatifs de la bataille d'Actium, Antoine, par une de ces vicissitudes que produisent souvent les passions violentes, soupçonna Cléopâtre du noir dessein de le vouloir empoisonner ; il ne mangeait donc plus avec elle, qu'on n'eût auparavant essayé les mets devant lui. Une nuit qu'ils soupaient en commun, Cléopâtre invite Antoine à boire les couronnes ; celui-ci y consent, il prend la couronne de la reine; la met en pièces, la jette dans sa coupe, dont il se dispose à avaler le contenu. Soudain Cléopâtre l'arrête par le poignet, et, faisant signe à un esclave d'approcher, elle lui ordonne de vider la coupe d'Antoine; l'esclave tombe mort sur-le-champ.

— Seigneur, dit Cléopâtre en se retournant vers son hôte, vous voyez bien que si je voulais vous nuire, je ne manquerais, malgré vos précautions, ni d'occasions ni de moyens pour vous empoisonner.

Lorsqu'on buvait une couronne en l'honneur de quelqu'un, il fallait vider autant de fois sa coupe qu'il y avait de lettres dans le nom de la personne que l'on honorait.

Quelquefois, au lieu de boire chacun dans son gobelet, on servait solennellement une grande coupe, nommée *cupa magistra*, qu'on se passait de main en main à la ronde, jusqu'à ce qu'elle revînt à celui qui l'avait vidée le premier.

Cet usage, emprunté aux Grecs, comme la plupart de ceux que nous venons de rapporter, était une allusion à l'institution des sept sages de la Grèce; mais il n'est peut-être pas hors de propos de raconter comment ces sept sages furent institués.

Un nommé Baticlès, ayant hérité d'un vase précieux, résolut de s'en défaire en faveur d'un homme qu'il considérait comme le plus sage d'entre ses compatriotes : cet homme était Thalès. Mais Thalès déclina modestement cet honneur, et envoya le vase à Bias; Bias le fit porter à Pittacus. Pittacus à Solon, Solon à Cléobule, Cléobule à Myson, Myson à Chilon, entre les mains duquel il s'arrêta; non pas que Chilon se considérât comme le plus sage d'entre les sages, mais il ne voyait autour de lui aucun homme nouveau qui fût digne de ce titre ; puis il y avait bien quelque inconvénient à multiplier les sages. Il renvoya donc le vase à Thalès, qui le consacra à Apollon.

Et voilà comment Thalès, Bias, Pittacus, Solon, Cléobule, Myson et Chilon, devinrent, à tort ou à raison, les sept sages de la Grèce ; comme nos académiciens, ils s'étaient nommés eux-mêmes.

Dans les premiers temps de la république, les Romains avaient coutume de chanter pendant les repas les louanges des grands hommes, au son de la flûte et de la lyre. Mais cet usage, comme les autres, ne tarda pas à se transformer. Bientôt on introduisit des musiciens dans la salle du festin ; sous Auguste, on y faisait jouer des pantomimes, exécuter des ballets, et même combattre des gladiateurs.

Après le repas, on jouait aux dés ou aux osselets. Quand l'amphytrion était riche et généreux, il faisait distribuer des bourses aux convives. Suétone a conservé un billet d'Auguste à sa fille, par lequel l'empereur mande à la princesse qu'il lui envoie deux cent cinquante deniers pour jouer à *pair ou impair*, parce qu'il a donné pareille somme aux convives. Le jeu fini, on servait de nouveaux mets, ou bien l'on couvrait les tables de matelas, sur lesquels les convives se couchaient et dormaient.

Jusqu'à présent, nous n'avons parlé que des repas privés ; mais les anciens en avaient encore de deux autres sortes : les repas funéraires et les repas en commun.

Les repas funéraires avaient lieu pour célébrer la mémoire d'un mort ; ses parents et ses amis ne figuraient pas toujours seuls dans ces réunions funèbres ; quelquefois, et notamment en Egypte, le défunt lui-même, ou plutôt son cadavre, était au nombre des invités. Les repas funéraires étaient fort communs chez les juifs ; ils mangeaient même sur le tombeau. Si ce dernier usage, qui subsiste encore aujourd'hui en Syrie et dans l'Inde, n'a pas été adopté par l'Eglise chrétienne, on le doit à saint Ambroise et à saint Augustin, qui défendirent de porter des vivres dans les cimetières. Il est vrai que ces cérémonies avaient coutume de se pratiquer la nuit.

Les repas en commun, que nous appelons, de notre temps, *pique-nique*, étaient nommés par les Grecs *contributions céniques*, parce que chacun apportait son plat. Les Romains, qui les reçurent des Grecs, les appelèrent *symbola*. On peut croire que les agapes des premiers chrétiens n'étaient qu'une imitation de cet ancien usage.

Ainsi que nous l'avons vu, autant les Romains s'étaient montrés simples et sobres dans l'origine, autant ils se montrèrent dans la suite luxueux et prodigues. Nous ne pouvons résister au plaisir de citer encore quelques faits pour prouver à quel point ils avaient porté leurs excès.

Lucullus, que nous avons déjà cité pour ses salons, avait, dans l'intérieur de sa maison, des viviers que la mer alimentait, et qui lui avaient coûté à construire plus d'un million de notre monnaie; avant lui, les Romains n'avaient que des piscines d'eau douce, qui tombèrent aussitôt dans le mépris.

La tante d'un nommé Axius possédait une volière dans laquelle elle entretenait cent mille grives.

Esope, un simple comédien, ami de Cicéron du reste, se faisait servir de temps à autre un plat d'oiseaux, qui, tous, avaient dû parler ou chanter de leur vivant; ce plat lui coûtait, chaque fois, six cents livres; son fils se faisait un jeu de faire dissoudre des pierres précieuses dans ses boissons.

Plutarque raconte que Néron, ce propriétaire de la maison d'or, qui avait tous les trésors du monde à sa disposition, avait un jour fait usage, dans un repas, d'un parfum très précieux, et croyait avoir poussé trop loin la profusion en le répandant sur la tête d'Othon, celui-ci, le lendemain, dans un repas qu'il donna à l'empereur, fit tout d'un coup sortir, de divers endroits de la salle, des tuyaux d'or et d'argent, qui versèrent ce même parfum comme de l'eau, et inondèrent les convives et le parquet.

Apicius, ayant entendu dire dans une conversation que les crevettes étaient plus délicates sur les côtes d'Afrique que sur celles d'Italie, fait à l'instant équiper un vaisseau, s'embarque et va chercher le mets qu'on lui a vanté. Mais, en descendant du navire, il voit un pêcheur qui se préparait à manger un plat de crevettes ; il s'approche, regarde, et, reconnaissant qu'on l'a trompé, il fait remettre à la voile aussitôt pour revenir à Rome. Cet Apicius, qui vivait sous Auguste et Tibère, avait hérité d'environ douze millions de livres de notre monnaie; un jour, il lui prit fantaisie de compter avec lui-même ; il ne lui restait plus que deux millions ! Épouvanté de sa misère, le pauvre diable se tua.

Suétone rapporte que L. Vitellius servit une fois à l'empereur, son frère, deux mille poissons et sept mille oiseaux des plus rares dans un seul plat. A vrai dire, ce plat était d'argent, et d'une si prodigieuse grandeur, qu'il l'appela lui-même le *bouclier de Minerve*; il fallut, pour le mettre sur le feu, construire un fourneau exprès.

Héliogabale nourrissait ses chiens de foies d'oies, et les lions de sa ménagerie de perroquets et de faisans. Rarement son souper lui coûtait moins de cent mille sesterces, soit cinquante mille francs. Il faisait souvent jeter au peuple, par les fenêtres, des mêmes mets que l'on servait sur sa table en égale quantité. Jamais il ne mangeait ni ne buvait deux fois dans les mêmes plats ou dans les mêmes coupes, bien que ces objets fussent tous d'or massif ou d'argent.

Souvent, en prenant congé de leur hôte, les convives recevaient de lui des présents, qu'on appelait *apophoreta*. Parmi les exemples que nous en fournit l'histoire, nous en trouvons un d'un goût cruel et bizarre, et d'autres d'une prodigalité outrée.

Le premier est de Domitien, cet empereur qui commença sa carrière impériale par le meurtre de son frère, et qui, quand il manquait d'autres victimes, s'amusait à percer des mouches avec des épingles d'or. C'est lui qui, un jour, rassembla le sénat pour le consulter sur la meilleure manière de faire cuire un turbot; mais le sénat de Rome tenait ferme à sa dignité, il paraît, et il ne suffisait pas d'un coup pour le vouer au ridicule.

Dans les fêtes qu'il donna à l'occasion de son triomphe sur les Daces, qu'il n'avait pas vaincus, Domitien invita à un repas les premiers parmi les sénateurs et les chevaliers. A leur arrivée au palais, ils furent introduits dans une salle toute tendue de noir et éclairée de lampes funèbres. Devant chacun d'eux se dressait une petite colonne semblable à celles qu'on élevait sur les tombeaux, et portant le nom de celui pour qui elle était dressée. Les convives avaient reçu l'ordre de congédier leurs gens; en leur place, parurent de petits enfants nus et noircis des pieds à la tête, pour représenter les ombres infernales, et qui se mirent à danser en rond autour de la salle d'une façon lugubre et menaçante. Comme on le pense bien, le plus profond silence régnait dans l'assemblée; l'appétit n'était pas ce qui gênait le plus les convives. Domitien seul parlait, n'entretenant sa compagnie que de mort et d'aventures sanglantes.

Enfin, quand le repas fut terminé, l'empereur renvoya les invités; chacun d'eux s'empressa de rentrer dans sa maison; pour la première fois, depuis plus de quatre heures, ils commençaient à respirer.

Tout à coup un messager de l'empereur arriva ; ce messager était connu pour porter parfois de sinistres nouvelles ; il ne fut pas de convives qui ne pensât qu'on lui apportât son arrêt de mort.

Mais l'empereur s'était ravisé ; il leur envoyait en présent tout ce qui avait paru au repas ; à l'un, quelqu'une de ces petites colones noires sur laquelle il avait lu son épitaphe, et qui se trouvait être d'argent ; à l'autre, quelques pièces de vaisselle ; à tous les enfants qui avaient remplacé leurs gens et les avaient servis pendant le repas. Quelque magnifiques que furent les cadeaux, l'histoire nous apprend que les sénateurs n'en conservèrent pas une bien profonde reconnaissance. Un jour venu, ils prirent leur revanche, et refusèrent la sépulture à leur empereur.

Varus, cet autre empereur qui éleva une statue d'or et un tombeau à son cheval sur le mont Vatican, donna dans un festin, à chacun des douze convives qu'il traitait, non-seulement le jeune échanson qui leur avait servi à boire, mais encore un maître-d'hôtel, avec un service complet de vaisselle, les mêmes animaux vivants qui avaient paru sur la table, toutes les coupes d'or ciselé dans lesquelles ils avaient bu, et que l'on avait changées à chaque rasade, des vases remplis des parfums les plus exquis, et pour les reconduire chez eux, des chars tous étincelants d'argent, avec le cocher et les attelages. Ce festin lui avait coûté six millions.

Les Egyptiens même, ce peuple qu'Athénée nous représente dans l'origine comme si simple et si peu délicat, qu'on ne servait point de table dans les grands repas, et qu'on portait les plats successivement devant les convives, qui y puisaient à même et mangeaient comme bon leur semblait ; les Egyptiens même, disons-nous, avaient cédé, comme tout les autres peuples, à l'entraînement du luxe et de la mollesse. Cléopâtre, après avoir fait, à Tarse, de superbes festins à Marc Antoine et aux gens de sa suite, donna chaque fois à ses convives tout ce qui leur avait servi pendant le repas, jusqu'aux lits sur lesquels ils avaient couché.

On comprend avec quelle ardeur, dès le principe, les censeurs et les consuls durent chercher à s'opposer à ces déréglements naissants.

L'an de Rome 477, le sénateur P. Cornelius Rufinus, qui avait été deux fois consul et une fois dictateur, fut exclu du sénat parce qu'il possédait en vaisselle d'argent un peu plus de quinze marcs.

Quand Scipion était à la guerre punique, un chevalier romain fit faire un pâté colossal représentant la ville de Carthage, avec ses fortifications, ses temples, ses monuments et son port; il réunit ses amis et livra avec eux l'assaut à cette ville ennemie. Dès le lendemain Scipion écrivait au sénat, et faisait dégrader ce chevalier, sous le prétexte qu'il avait osé prendre Carthage avant lui.

Bientôt ces mesures sévères devinrent insuffisantes; il fallut recourir à l'action coërcitive des lois somptuaires.

Telles furent les lois Orchia, Fannia, Didia, Licinia, etc. La première fixait seulement le nombre des convives; celles-ci allèrent jusqu'à la racine du mal, en bornant la dépense, et en condamnant également le maître de la maison et les convives. Jules César les renouvela et veilla scrupuleusement à leur observation; quelquefois, sur de simples avis qui lui avaient été donnés, des licteurs et des soldats allaient, par son ordre, dans les maisons des particuliers, enlever de dessus la table les mets déjà préparés et servis. Mais le luxe, plus fort que toutes les lois, rompit toujours les barrières qu'on cherchait à lui opposer. Bientôt les lois somptuaires tombèrent en désuétude; et, comme nous venons de le voir, les empereurs eux-mêmes, c'est-à-dire ceux qui eussent dû s'appliquer à détruire ces funestes tendances, furent les premiers à se faire gloire des plus extravagantes prodigalités.

Rome était encore dans cet état lorsqu'arrivèrent les Barbares.

DU REPAS CHEZ LES MODERNES.

Les Barbares semblent avoir eu pour mission de poser une barrière infranchissable entre l'ancienne civilisation et la nôtre; le lendemain de leur apparition ils faisaient table rase, et tout l'édifice social était à recommencer.

Les Celtes dînaient par terre, assis sur des bottes de foin, ayant devant eux des tables de bois très basses. On leur servait de la viande rôtie ou bouillie et peu de pain. Ils n'avaient ni linge, ni fourchettes, ni cuillères; ils saisissaient la viande avec les mains, la déchiraient à belles dents, et ne se servaient de couteaux que pour les morceaux durs.

Les Gaulois avaient les mêmes usages.

Les Francs, sous la première race, mangeaient dans la cour de leurs maisons, assis sur des escabeaux. Leur porte était ouverte et ils invitaient les passants, surtout les étrangers, à se mettre à table. La chair n'était pas délicate; c'étaient de grands quartiers de porc ou de bœuf rôtis. On buvait beaucoup; on s'expliquait librement sur tout; mais il n'était pas permis de mal parler des femmes. Lorsqu'ils prenaient leur repas à la lumière, ils faisaient tenir les flambeaux par des valets; ils auraient cru souiller leur table s'ils y avaient posé une lampe.

PHAGOTECHNIE.

Les Français conservèrent ces mœurs simples jusqu'aux derniers temps de la chevalerie. Le maître de la maison conviait indistinctement à sa table ses parents, ses amis et ses serviteurs. La seule particularité qui distinguât ces derniers, c'est que la partie de la table devant laquelle ils s'asseyaient était plus basse de quelques pouces que celle à laquelle mangeaient les hôtes les plus illustres, qu'ils avaient pour siéges des bancs de bois au lieu de chaises, et qu'ils buvaient dans des cornes de taureau au lieu de boire dans des hanaps d'argent.

Quelquefois déjà les repas étaient égayés par des chansons, mais ce n'étaient que de langoureuses romances, composées en l'honneur des preux ou des belles. Un troubadour aurait cru déshonorer sa muse en fredonnant une chanson à boire; les hymnes bachiques ne furent connus que sous Marie de Médicis.

Les festins n'étaient donc pas alors aussi joyeux qu'aujourd'hui; ils avaient une physionomie particulière. Charlemagne se faisait lire pendant les repas, soit un livre de religion, soit des annales historiques; il permettait aussi quelque peu de musique pendant le dessert; le premier orgue qui parut en France lui fut envoyé pour sa salle à manger.

Mais autant les repas particuliers étaient simples et silencieux, autant les festins d'apparat étaient bruyants et somptueux. C'est alors que les princes, les prélats, signalaient leur magnificence par les plus brillants *entremets*. On appelait entremets des intermèdes, des pantomimes, des concerts, de véritables mélodrames exécutés entre chaque service.

Un des plus célèbres est celui qui eut lieu, en 1237, au mariage de Robert, fils de saint Louis, avec Mahaut, comtesse d'Artois. Aux quatre coins de la table étaient des musiciens montés sur des bœufs. Des chiens, habillés en danseurs, vinrent ensuite cabrioler autour des convives, tandis que des singes, portés par des chèvres, semblaient pincer de la harpe. Enfin, un cavalier traversa la salle en faisant marcher son cheval sur une grosse corde tendue au dessus de la tête des convives. Froissard, qui raconte cette fête, dit qu'elle parut très singulière; je doute que la dernière cérémonie, celle du cheval et du cavalier, ait été trouvée très-divertissante par tous les assistants.

A la fin du dîner, donné par le roi Charles V à l'empereur Charles IV, en 1378, on vit un entremets mieux ordonné : un vaisseau tout voilé entra dans la salle sans qu'on vît la machine qui le faisait mouvoir; ses pavillons étaient aux armes de la ville de Jérusalem, sur le tillac on distinguait Godefroy de Bouillon, accompagné de plusieurs chevaliers armés de toutes pièces ; un moment après parut la ville de Jérusalem avec ses tours couvertes de Sarrasins; le vaisseau s'en approcha ; les Chrétiens mirent pied à terre et montèrent à l'assaut. Après une vigoureuse résistance de la part des assiégés, la croix fut arborée sur les créneaux, et les convives se levèrent pour dire leurs grâces.

Soixante-quinze ans après, en 1384, Philippe-le-Bon, duc de Bourgogne, donna à Lille une fête à peu près pareille, à l'occasion d'une croisade contre Mahomet II. Les Français avaient alors beaucoup de goût pour les vaisseaux. A la fin du repas, une jeune fille entra portant un faisan doré sur lequel tous les convives jurèrent de délivrer la Palestine.

Les particuliers qui ne pouvaient faire d'aussi grandes dépenses, imaginaient au moins quelques surprises quand ils recevaient leur souverain. Un jour, Charles IX étant allé dîner chez un gentilhomme près de Carcassonne, le plafond s'ouvrit à la fin du repas, on vit descendre un gros nuage, qui creva avec un bruit pareil à celui du tonnerre, laissant tomber une grêle de dragées, suivie d'une petite rosée d'eau de senteur.

Avec de pareilles représentations, les repas, comme bien l'on s'imagine, devaient être d'une longueur démesurée; mais on se mettait à table de si bonne heure qu'on avait tout le loisir d'y rester. Au quatorzième siècle, on dînait encore à dix heures du matin et l'on ne soupait qu'à sept heures du soir.

Dans ce temps-là, il existait une coutume assez bizarre. Quand un prince, instruit de quelque acte de déloyauté de la part d'un chevalier, voulait le punir publiquement, il l'invitait à dîner et, au milieu du repas, un hérault d'armes venait couper la nappe devant le coupable en le déclarant hautement félon et en articulant ses torts. Le chevalier ne pouvait reparaître à la cour qu'après avoir réparé son honneur par quelque brillant fait d'armes.

Les nappes étaient en cuir gauffré et piqué; on y représentait toutes sortes de figures et de dessins.

Une autre singularité à observer, c'est que, sous le règne de François Ier, les femmes ne voulaient pas dîner en public; elles prétendaient que l'action de mâcher déformait les grâces de la figure. Du reste, les Turcs s'enferment également, et par la même raison, pour manger.

Au commencement du quinzième siècle, le service de table était encore bien incomplet. Les couteaux étaient parfaitement connus; depuis cinq cents ans on en fabriquait à Beauvais; mais, depuis longtemps on ne se servait plus de serviettes; on étendait devant soi une portion de la nappe, quand il y en avait. Les premières serviettes ont été faites à Reims, et offertes par cette ville à Charles VII, lorsqu'il alla s'y faire sacrer. Elles ne devinrent communes que sous Charles-Quint.

L'usage des assiettes est encore moins ancien. Des tranches de pain, coupées en rond, en tenaient lieu. On parle beaucoup de cette pratique dans le cérémonial du sacre de Louis XII. Après le repas, on donnait le pain aux pauvres.

Enfin Henri III est le premier prince qui ait fait faire des fourchettes d'argent. Jusqu'à ce prince, on avait porté la viande à sa bouche avec la pointe de son couteau.

Autrefois on avait coutume, en France, de boire dans la même coupe, en signe d'union et d'amitié. Cet usage cessa, quand la religion catholique y fit vénérer la communion sacrée. Cependant on trouve dans la *Légende dorée* que sainte Berlande fut déshéritée par son père pour n'avoir pas voulu boire dans le même gobelet que lui.

L'histoire ne nous montre point cette communauté de coupe établie chez les Gaulois; chaque Gaulois avait au contraire sa coupe propre, et c'était ordinairement le crâne de son père ou celui de son ennemi. Les Francs n'adoptèrent point cette coupe sinistre; ils buvaient dans des cornes d'*urus*, espèce de bœuf sauvage très-dangereux, qu'ils combattaient pour faire preuve d'adresse et de courage.

Mais, si cet usage de boire dans les mêmes coupes a disparu, il en est un autre qui a survécu; c'est celui de trinquer ou de porter des santés.

L'usage des santés est très-ancien; nous l'avons déjà rencontré à la table des Grecs et des Romains. Cependant nous sommes forcés de reconnaître qu'il nous vient des peuples du Nord.

Les anciens Danois ne faisaient aucune action importante sans la consacrer par des libations. Un prince n'héritait pas de son père, un roi ne succédait pas à un autre, sans donner un festin à ses amis et aux grands de l'Etat et sans boire à leur santé dans la coupe d'*Odin*, dans celle de *Niord*, de *Frey*, de *Bragerbott*. Les coupes étaient sacrées. Lorsqu'on porta le christianisme dans ces contrées, les prêtres substituèrent à ces coupes païennes celles de Dieu-le-Père, de Jésus-Christ, de la Vierge, de saint Olaüs et de saint Canut, dont les Danois adoptèrent immédiatement l'usage.

Il y a toujours eu quelque chose de religieux dans cette cérémonie. La santé la plus touchante qui ait jamais été proposée, est celle que Marie-Stuart porta la veille du jour où elle devait avoir la tête tranchée. Elle assembla toutes les personnes qui avaient été à son service, les remercia de leur attachement, fit venir des coupes, but à leur santé, trinqua avec elles et leur fit ses derniers adieux.

Les Français, comme les Romains, ont eu leurs lois somptuaires, soit pour réprimer les désordres que provoquait nécessairement un trop grand nombre de convives, soit pour mettre un frein aux dépenses exorbitantes auxquelles on commençait à se livrer.

Dès l'année 798, Charlemagne fut obligé de renouveler une loi de Pharamond dont le but était de limiter à sept le nombre des convives.

Philippe-le-Bel fut plus précis : il ordonna, en 1284, de ne servir dans un grand repas que deux mets après un potage au lard, et, dans un dîner ordinaire, un plat et un entremets. Les jours maigres, il permettait de manger deux soupes aux harengs et deux plats de légumes ; mais le fromage était à discrétion et n'était pas regardé comme un mets.

Charles IX, en 1563, fut obligé de faire un règlement par lequel un festin ne pouvait avoir que trois services : entrée, rôti, dessert ; il défendit aussi de servir de la viande et du poisson dans le même repas, sous peine de 200 livres d'amende.

Louis XIII, en 1629, fit une loi somptuaire qui rappelait la précédente, et il y ajouta la défense de dépenser plus de 50 livres pour un repas de corps ou de réception. Cette somme n'était pas aussi modique qu'elle peut le paraître, car alors, d'après un tarif de l'année 1625, le plus beau bœuf ne valait que 18 livres, et le pigeon ne coûtait qu'un sou.

Du reste, ces lois ne réussirent pas mieux que celles des Romains à réprimer le luxe de la table ; et l'histoire nous a conservé des traits de friandise très-remarquables.

Dufresnoy, presque aussi célèbre par sa prodigalité que par son talent dramatique, fut si content du succès de sa pièce *l'Esprit de conviction,* qu'il voulut régaler ses amis en imaginant deux plats de la plus grande recherche ; il leur fit servir un potage avec du lait d'œufs frais cuits à la coque, et un plat de noix ou glandes extraites d'une grande quantité d'épaules de veaux. Les deux mets parurent excellents ; mais il mirent la bourse du poëte à sec.

On n'en finirait pas si l'on voulait transcrire ici tous les actes de prodigalité des grands seigneurs des dix-septième et dix-huitième siècles, et surtout ceux des financiers? Disons seulement qu'à cette époque on ne dînait plus qu'à trois heures.

Aujourd'hui, il y a bien peu de différence entre nos coutumes et celles du reste de l'Europe. Les Italiens, les Espagnols ont presque complétement adopté dans leurs repas les mœurs françaises.

Les Allemands sont plus grands mangeurs que nous ; ils déjeunent jusqu'au dîner et dînent jusqu'au souper. Le court intervalle qui se trouve entre chacun de leurs repas est rempli par une petite promenade. Dans quelques maisons du grand ton, il est d'usage, lorsqu'on donne un dîner, de tenir, préparées, dans un appartement voisin, des doses d'émétique auxquelles recourent ceux des convives qui ne peuvent plus avaler et qui ont encore faim. Cet appartement tient lieu du *vomitorium* si connu des anciens.

Les Anglais, quels que soient leur rang, leur fortune, prennent cinq repas par jour, dont chacun est caractérisé par un nom et par des mets particuliers.

Le premier se nomme, comme chez nous, déjeuner. Il se prend entre huit et dix heures, et se compose de viandes froides et de thé. Le second, qui n'a point d'analogues en France, se nomme *launcheen*; il se prend entre deux et trois heures, et se compose de tartines de beurre, de fromages, de *sandwiches* et de fruits. Le troisième porte le nom de dîner; il se prend vers les quatre ou cinq heures. Deux heures après, on sert des moffines beurrées et des patmènes. Enfin, entre neuf et dix heures, on sert le souper.

Les Anglais, comme on le voit, ne le cèdent guère aux Allemands pour la voracité.

La soupe, qui est le premier plat des Français, ne paraît sur aucune table en Angleterre. Si on en sert, par déférence pour un étranger, c'est un grand plat de bouillon, dans lequel chacun trempe son pain. Le couvert se compose d'une fourchette à manche rond et terminé par deux pointes d'acier, puis d'un couteau à la lame ronde et arrondie. Ils ne passent pas d'une main dans l'autre, comme chez presque toutes les nations de l'Europe; la fourchette est toujours à gauche et le couteau à droite. On en change à chaque plat. L'usage des cuillers est inconnu; le couteau est fait pour en tenir lieu.

Si l'on en croit les vieux écrivains, les premiers envahisseurs de l'île, les Saxons, se servaient de serviettes; ceux qui vinrent ensuite, les Normands, s'essuyaient les mains en les agitant en l'air. C'est cette dernière mode qui a prévalu. Sauf quelques maisons qui ont adopté depuis peu les coutumes françaises, l'usage des serviettes est entièrement inconnu en Angleterre; on les remplace par la nappe, qui est d'une longueur extraordinaire, et que chaque convive relève sur ses genoux.

Le maître et la maîtresse de la maison se placent toujours aux extrémités opposées de la table pour en faire les honneurs. Celle-ci découpe presque toutes les viandes; si elle n'est pas prévenue par la personne la plus distinguée de la compagnie, elle s'empresse de lui proposer un verre de vin; après s'être réciproquement salués, ils boivent communément, à la ronde, à la santé de tous les autres convives, qui répètent à leur tour cette cérémonie. La bière se sert dans un grand verre que les laquais portent successivement aux personnes qui en demandent, car cette communauté de verre n'a rien de répugnant en Angleterre; et dans les maisons qui ont conservé les mœurs antiques, c'est le pot lui-même que l'on se passe ainsi.

Après le dessert, il est d'usage de présenter à chacun des convives une jatte de cristal pour se laver les mains, une petite serviette carrée pour se les essuyer. Quand cette cérémonie est terminée, on enlève la nappe, on apporte les bouteilles, les femmes se lèvent et disparaissent. C'est alors que commencent les *toast*.

Toast, en anglais, signifie *rôtir*. On prétend qu'il se dit particulièrement de l'action de boire à la santé des belles à la mode, depuis l'anecdote suivante:

La femme d'un roi venait de se baigner; un des courtisans avala, par galanterie, une tasse d'eau du bain de la déesse, et chacun en but à son tour. Le dernier dit:

— Je tiens la rôtie, faisant allusion, à l'usage du temps, de boire avec une rôtie au fond du verre.

La double signification du mot *toast* fournit au docteur *Brun* l'occasion de faire un jeu de mots assez piquant. Il donnait toujours pour son *toast* une demoiselle qu'il voulait épouser. Quelqu'un lui fit observer qu'il était temps d'en changer:

— Je le crois, répondit le docteur *Brun*, car,

quoiqu'il y ait dix ans que je la *toaste* (*rôtis*), je n'ai pas encore pu la *brunir*.

Du reste, les *toasts* ne sont pas seulement consacrés aux belles; toute personne en peut être l'objet. Quelquefois ces séances se prolongent fort longtemps; aussi a-t-on soin toujours de placer, par précaution, certains vases dans les coins de la chambre ou derrière les rideaux.

Autrefois, les *toasts* provoquaient beaucoup plus d'extravagances qu'aujourd'hui. Pour faire plus d'honneur à une femme, le gentleman qui portait le *toast* jetait dans le feu quelque partie de sa toilette, et les autres convives étaient obligés de suivre son exemple.

Un jour que sir Charles Sedley dînait en société à la taverne, un de ses amis s'étant aperçu qu'il avait une cravate de dentelle, fit un *toast* et jeta en même temps sa cravate au feu. Sedley et les autres convives l'imitèrent. Sir Charles supporta sa perte avec le plus grand sang-froid, et dit que la plaisanterie était très-bonne, mais il jura tout bas de prendre sa revanche.

Deux jours après, les mêmes personnes étaient réunies, Sedley, après avoir porté à la santé d'une dame, appela le garçon de la taverne, et lui dit de faire entrer un dentiste qu'il avait mandé exprès. Il se fit arracher une dent gâtée qui le faisait souffrir depuis longtemps, et la jeta au feu. Aussitôt, et malgré toute leur répugnance, il fallut que chacun des convives se fît arracher une dent.

Souvent les *toasts* n'étaient que des sentences ou des vœux. Le duc de Buckingam avait coutume de donner à dîner, à la fin de l'hiver, à tous les joueurs qui fréquentaient, comme lui, une maison de jeu de Marybone; le *toast* d'adieu était : « Puissions-nous tous n'être pas pendus avant le printemps prochain et nous trouver réunis ici de nouveau! » Ce qui prouve que les nobles lords compromettaient parfois l'étroite intimité qui unissait leur tête à leurs épaules.

Notons, en passant, que les femmes ne sont pas seules exclues des *toasts*; on en exclut aussi les jeunes gens qui n'ont pas atteint leur vingt et unième année.

Les Russes ont un usage assez singulier : c'est ce qu'ils appellent le *repas de l'antichambre*. Ce repas se sert immédiatement avant le dîner ; on y boit beaucoup de liqueurs fortes, ce qui fait que les Russes se mettent souvent à table dans l'état où quelques autres peuples ont coutume d'en sortir.

Il n'est point étonnant de rencontrer à la table des grands seigneurs russes, des gens des conditions les plus diverses ; seulement les hôtes les plus illustres se trouvent placés auprès du maître de la maison, les plus infimes à l'extrémité inférieure de la table. Les plats sont d'abord présentés aux premiers, et passent successivement aux autres convives, qui les voient souvent arriver vides.

On a souvent parlé du luxe des anciens Moscovites. Il est certain que les nobles de Moscou tenaient à honneur d'entretenir à leur table une foule nombreuse de parasites ; mais, ce qui est moins généralement connu, c'est leur excessive malpropreté.

« Un étranger dînant à la table du prince le plus magnifique et le plus recherché, dit l'Anglais Clarke dans la relation du voyage qu'il fit en Russie, vers l'année 1812, espère en vain voir changer son couteau et sa fourchette ; s'il les rend, on les lui rapporte sans avoir été lavés ; jette-t-il les yeux derrière lui, il verra le domestique cracher dans l'assiette qu'il a pour servir, et l'essuyer avec une serviette sale pour enlever la poussière ; s'il regarde son voisin, il le voit se nettoyer les dents avec sa fourchette et la plonger ensuite dans le plat qui doit être présenté à tous les convives. Tout le monde sait que Potemkin avait l'habitude de retirer la vermine de sa tête et de l'écraser à table, sur le fond de son assiette; les belles princesses de Moscou ne se faisaient pas de scrupule d'imiter son exemple. »

Les Chinois ont de singulières coutumes; il ne faut pas s'en étonner. Lorsqu'ils veulent inviter quelques personnes à dîner, ils leur envoient trois billets : le premier, deux jours avant le repas; le second, le matin du jour même, pour faire souvenir les convives de leur engagement; et le troisième à l'heure du repas, pour témoigner l'impatience de les voir arriver. Dès qu'on les annonce, ils courent les recevoir à la porte de leur maison, leur font un long discours pour exprimer leur joie, reçoivent leurs compliments et les introduisent avec beaucoup de cérémonie dans la salle de compagnie; bientôt ils passent dans la salle du festin, et l'on apporte devant chaque personne une petite table sur laquelle on dépose les plats; les mets chauds se servent dans des vases de porcelaine, les mets froids sur des plateaux de laque vernissée; souvent, après ces préambules, l'amphytrion disparaît pour laisser à ses hôtes plus de liberté. On sait que les Chinois servent, en guise de couteaux et de fourchettes, de petites baguettes d'ivoire ou d'ébène, qu'ils manient avec beaucoup de dextérité.

Après ce qui précède, il nous reste bien peu de chose à dire sur les usages observés par les différents peuples du monde dans leur repas; les peuples dont nous n'avons point parlé se rapprochant d'une manière presque identique de ceux dont nous nous sommes occupés. Cependant nous ne terminerons point ce chapitre sans relater certaines coutumes bizarres que nous trouvons dans les récits des voyageurs. Le roi d'Abyssinie, dit-on, ne touche jamais aux plats et dédaigne de se servir lui-même; ce sont ses pages qui découpent les viandes devant lui et lui en portent les morceaux à la bouche. Par un même esprit de grandeur, le grand kan de Tartarie ne se fait servir que par des esclaves voilés, de peur que leur haleine ne souille les mets qu'on lui apporte.

L'orgueil du roi d'Adra, en Guinée, va encore plus loin; il oblige tous ses sujets à se prosterner devant les aliments qui lui sont préparés, et défend, sous peine de mort de le regarder boire ou manger; ses officiers le servent en lui tournant le dos. Ajoutons enfin que, chez les Omaguas, de jeunes esclaves, avant de servir le dîner, présentent une seringue aux convives, qui se la repassent galamment.

Après avoir parlé des coutumes observées par les différents peuples dans leurs repas, il est logique, je pense de dire un mot de leurs aliments. Si, comme on l'assure, il ne faut point disputer des goûts, c'est bien certainement dans cette circonstance. En général, chaque animal a une nourriture propre; l'homme, au contraire, sans en être moins un animal pour cela, peut manger de tout; sa constitution même lui donne ce précieux privilége.

En effet, les carnivores, comme chacun sait, n'ont que des dents incisives et canines; les herbivores n'ont que des molaires; l'homme a huit incisives, vingt molaires et deux canines : nous parlons, ce qui est rare, à la vérité, de l'homme qui a toutes ses dents.

Chez les carnivores, les organes extérieurs sont remplis de force, les organes intérieurs sont faibles; ils n'ont qu'un estomac, tandis que les ruminants en ont deux ou trois. On a trouvé quelques hommes qui ruminaient; mais, il faut l'avouer, c'étaient des phénomènes extraordinaires.

Dans les bœufs, les intestins ont cent quarante-huit pieds de long. Le tube digestif de la panthère n'a que cinq pieds, celui du requin dix à douze pouces au plus. Les intestins de l'homme font six fois la longueur de son corps.

Ainsi, de par ses intestins, son estomac et ses dents, l'homme est bien un herbivore, cela soit dit sans l'offenser; il est donc permis parfois de l'envoyer paître.

Ne nous étonnons donc point de le voir composer sa nourriture d'éléments si divers. En thèse générale, il ne faut s'étonner de rien.

Les Egyptiens ont tué longtemps les éléphants pour en faire leur nourriture; ils en consommaient une si grande quantité, que Ptolémée-Philadelphe fit une loi fort sévère qui ordonnait de respecter la vie de ces animaux.

Les Romains considéraient comme un morceau friand les rats d'eau, et certains vers blancs, courts et épais, que l'on trouve dans le vieux bois; ils prenaient soin de les engraisser, et les servaient dans les meilleurs repas. Ils faisaient également grand cas de la chair de jeunes chiens rôtis; ce mets était de rigueur dans les festins solennels qu'ils faisaient le jour de la consécration de leurs pontifes. Martial vante la chair des écureuils comme un mets des plus délicieux. Mécène ne manquait jamais de se faire servir de l'ânon mariné quand il traitait ses amis. Mais le mets favori des Romains était l'escargot; ils engraissaient cet animal dans des enclos et le payaient des prix excessifs.

Tout singuliers que peuvent paraître ces mets, quelques-uns d'entre eux sont encore en usage aujourd'hui; les Perses mangent de la trompe et du pied d'éléphant, préparés avec une très-grande recherche. Les Canadiens ont une prédilection particulière pour le chien rôti qu'ils assaisonnent de suif et de vieux oing; dans notre pays même, les habitants de l'Auvergne se font un régal d'écureuils fricassés, et ils partagent ce goût avec les Lapons et les habitants du Valais.

Certains peuples ont encore des goûts plus bizarres; ainsi les Orientaux font un très-grand cas des chauve-souris. Un auteur assure que leur chair est plus agréable que celle de nos poules domestiques; les Tartares boivent du sang mêlé de lait; les Kalmouks mangent leurs chevaux et tettent leurs juments; à Arrakan, près du Gange, les naturels mangent des rats, des souris, des serpents; ils ne se nourrissent de poisson que lorsqu'il est pourri et réduit en pâte : ils l'emploient comme de la moutarde. En Afrique, on fait frire les sauterelles et rôtir des rhinocéros, des lions, des panthères et des singes; au Sénégal et dans la haute Egypte, on prépare les hippopotames à peu près comme nous préparons les cochons pour les conserver. Les habitants des contrées polaires se nourrissent de la graisse de baleines, de requins et d'ours. Dans l'Amérique septentrionale on mange des *agoutis*, espèce de lapins ayant la forme et la grosseur de nos cochons d'Inde, des *agamis*, des *marails*, des *houos* élevés dans des basses-cours comme nos poules; dans l'Amérique du Sud, un des ragoûts les plus estimés est l'*ignane* L'ignane est un joli lézard de six pieds de long, fort doux de son vivant et très-succulent après sa mort; on le mange fricassé, soit au gras, soit au maigre, et c'est, dit-on, un des plus excellents mets qu'on puisse offrir à la sensualité de l'homme. Les Ottomagnes, qui habitent les bords de l'Orégon, sont moins gourmets : ils mangent de l'argile, c'est-à-dire de la terre-glaise véritable.

Du reste, il n'est pas besoin d'aller si loin pour trouver de pareilles singularités. Les Lapons broutent de la mousse, et font de la soupe avec de l'huile et de la sciure de bois de pin. Les Grecs et les Espagnols sont très-amateurs de hérissons; les dévots Castillans en mangent surtout pendant le carême, sous le prétexte que cet animal ne se nourrit que d'herbes, de racines et d'œufs de fourmis; les Allemands enfin regardent comme des mets particulièrement estimables certains rats de Brandebourg qui, pour s'appeler *hamster* de Blumberg, n'en sont pas moins des rats, et des pattes qui, pour s'appeler pattes fumées de Saltzbourg, n'en sont pas moins des pattes d'ours.

D'autres peuples mettent leur originalité dans la manière de préparer leurs mets. Les Anglais ont leur *rosbeef*, leur *beefteack*, leur *pouding* que tout le monde connaît ; les Allemands la *saourkraut* et les *kneffes* ; les Turcs ont le *pilau*, volaille au riz, assaisonnée d'une pâte faite de poissons pilés ; les Russes ont le *caviar*, espèce de saumure dans laquelle ils conservent des œufs d'esturgeon ; les Polonais font cuire les merlans dans une substance sans saveur, qui sert à teindre en jaune, et qu'on appelle *curcuma*. Les Italiens font leurs délices d'une bouillie de farine de châtaignes, nommée *polenta*, de *macaroni*, de *lazaignes*, de *ravioli*, hachis de viandes fines et de poissons, roulé en boule et couvert de pâte, et de *sabione*, qui se compose de jaunes d'œufs mêlés de sucre, d'eau de fleurs d'oranger et de vin de Malaga. Enfin les Espagnols raffolent de la *olla*, ou *puchro*, dans laquelle on cuit ensemble plusieurs légumes, du bœuf, du lard et de petits saucissons nommés *chorisos* ; du *pescado*, poisson à l'huile et au vinaigre ; du *guisado*, espèce de fricassée composée principalement de volaille, et d'une soupe à la limonade qu'ils appellent *gaspacho*.

Ce fut, dit-on, Dio, reine de Sicile, qui, l'an du monde 2883, 427 ans avant Jésus-Christ, enseigna à ses sujets l'art de semer, recueillir et moudre le blé ; c'est elle qui instruisit Triptolème, et qui fut adorée sous le nom de Cérès.

On est peu d'accord sur le pays natal du blé ; les uns le font venir d'Égypte, d'autres de Tartarie, et le savant Bailly, ainsi que Pelles, prétendent qu'il vient sans culture en Sibérie. Quoi qu'il en soit, les Phocéens l'apportèrent les premiers à Marseille, bien avant que les Romains eussent pénétré dans les Gaules. Alors les Gaulois vivaient de châtaignes, de faines, de noix, de noisettes et de glands. Il ne faut point confondre ces glands avec ceux que produisent les chênes communs de nos forêts; les arbres qui les amenaient ne se trouvent plus dans notre contrée; mais on mange encore du gland comestible avec plaisir en Espagne, en Amérique, en Afrique et dans l'Asie mineure.

Le blé, ainsi appelé du vieux mot latin *bladus*, qui signifiait fruit ou semence, se mangeait, dans les premiers temps, torréfié, écrasé avec des pilons et délayé en bouillie. Ce furent les Orientaux qui, les premiers, en firent du pain; ils le cuisaient sous la cendre. Les Hébreux inventèrent ensuite de petits fours portatifs et se servirent de levain. Mégalaste et Mégalomaze apportèrent le pain levé en Grèce; les Béotiens leur élevèrent des statues. Vers le même temps, c'est-à-dire vers l'année 2590, Myletas, second roi de Lacédémone, inventa les moulins à bras, qui remplacèrent avantageusement les pilons et les mortiers. Dès lors, la boulangerie commença à devenir un art en Grèce, et l'on y vit se produire successivement environ quatre-vingts espèces de pain. Ces pains, qui avaient tous pour base le froment, se composaient en outre de quelques additions ou de seigle ou d'orge, ou de vin ou de miel, voire même de lait, de légumes, d'huiles, de fromages, etc., dans les proportions les plus variées; quelques-uns d'entre eux devaient avoir beaucoup d'analogie avec nos pains d'épices, gâteaux des rois, et nos biscuits.

Les Romains adoptèrent ces chefs-d'œuvre de boulangerie; ils reçurent en même temps des Parthes la méthode du pain mollet; dès lors, ils méprisèrent le pain d'orge, dont ils s'étaient presque exclusivement nourris jusque là, et le réservèrent pour ceux qu'ils voulaient punir de leur paresse. C'est ainsi que Marcellus punit les rebelles qui s'étaient laissé vaincre à la bataille de Cannes.

Bientôt, un nouveau perfectionnement fut introduit dans l'art du boulanger; Bélisaire inventa les moulins à eau. Mais il fallut retourner en Orient pour profiter de la découverte des moulins à vent, qui ne furent introduits en France qu'en 1040, au retour des croisades.

Il existe dans la farine du blé une matière qu'on appelle *gluten*, qui, seule, ne nourrirait pas, mais qui, mêlée avec la fécule amilacée, fait fermenter la pâte et la rend plus légère.

Cette vérité n'a pas empêché Linguet de prétendre que le levain était un poison; de là surgirent de longues discussions. Les Gaulois, selon Pline, se servaient de ferment de levure de bière, comme on s'en sert encore aujourd'hui. Cet usage, abandonné jusqu'au seizième siècle, fut proposé de nouveau à cette époque; mais les médecins s'élevèrent avec force contre les boulangers, et, après de chauds débats à la Faculté de médecine, la levure fut proscrite par un arrêt du conseil. Il faut s'empresser d'ajouter que cet arrêt absurde fut révoqué l'année suivante, en 1670.

Quelques auteurs croient que la pâtisserie est due à Théarion, Sicilien, qui vivait 457 ans avant J.-C.; mais cet homme célèbre ne fut qu'un habile boulanger.

Il est aussi question, pour la première fois à la vérité, de cet art, dans une charte de 802, par laquelle Louis-le-Débonnaire ordonne à un fermier de donner à l'abbaye de Saint-Denis cinq muids de farine fine pour régaler les moines de bonne pâtisserie; enfin, dès l'année 1002, on trouve les échaudés mentionnés dans une charte de l'église de Paris.

Néanmoins, et malgré ce que nous avons dit nous-mêmes de certains pains des Grecs, il est constant que les dames de châteaux furent en France les premières pâtissières; c'est pour les preux que leurs blanches mains perfectionnèrent les friands et savoureux gâteaux.

Disons, pour terminer, qu'autrefois la Faculté de médecine exigeait, à la dernière thèse d'un récipiendaire, une rétribution copieuse en galettes et en petits pâtés pour les anciens docteurs et professeurs; cette thèse portait le nom de *pastillaria*.

DU POISSON.

Suivant saint Augustin, les poissons sont les seuls animaux qui, par leur innocence, ne furent point compris dans la malédiction que Dieu prononça contre les créatures, pour les punir de leurs dérèglements. Cette exception eut deux motifs : le premier, c'est que les eaux n'avaient point contribué au péché de nos premiers parents, mais bien les fruits de la terre; le second, c'est que l'eau était destinée par le déluge à l'expiation des fautes de l'homme et ensuite au baptême. Ajoutons que les poissons furent les premiers animaux que l'auteur de la nature tira du néant, et l'on comprendra l'espèce de répugnance qu'éprouvaient, dit-on, les premiers hommes à manger du poisson. Du reste, quelques païens partageaient cette répulsion; Simmachus, Polycrate et Lamprias firent même plusieurs ouvrages pour prouver qu'il fallait respecter les *innocents* poissons, et que ceux qui en mangeaient étaient les plus féroces des hommes.

Ce qui est certain, c'est que les Grecs faisaient peu de cas de la chair de cet animal; il n'en est nullement question dans Homère, ni dans ce que les écrivains ont dit des temps héroïques. Pythagore conseillait fermement de s'en abstenir, parce que, disait-il, cet animal était taciturne, et que le silence avait quelque chose de divin. Plus tard, à la vérité, ils revinrent sur leur indifférence; Athénée rapporte une loi qui défendait aux marchands de poisson en détail de s'asseoir jusqu'à ce qu'ils eussent vendu toute leur provision, afin que cette incommodité d'être debout les rendît plus soumis et plus empressés de vendre le poisson frais et à un prix raisonnable.

Les Romains firent moins de façons pour adopter ce mets délicat; plusieurs d'entre eux, comme pour témoigner leurs sympathies, empruntèrent leurs surnoms à certains poissons, comme Sergius Orata, à la dorade, Licinius Murena, à l'anguille de mer ; ils en élevaient avec soin et en nombre considérable dans leurs piscines; ils étaient même parvenus à les apprivoiser. Pline, en parlant des piscines de César, dit que chaque espèce de poisson, à un signal particulier, venait par bande et séparément recevoir sa nourriture au bord du vivier.

La France a toujours été assez bien approvisionnée de poisson par ses fleuves, ses rivières, ses étangs; mais on fut longtemps à Paris sans manger de poisson de mer. Ce ne fut qu'au douzième siècle que des marchands, réunis en compagnie, entreprirent d'approvisionner de marée la capitale; alors s'établit la distinction des *harengères*, chargées de la vente du poisson de mer, et des *poissonnières*, qui faisaient le commerce du poisson d'eau douce. On en mangeait de plusieurs espèces, que nous ne voyons plus sur les marchés. Une ordonnance du roi Jean nous apprend qu'on se régalait alors, à Paris, de marsouins et de chiens de mer, et, dans le midi de la France, de dauphins et de petites baleines.

Le poisson était une nourriture fort en usage dans les couvents. Les fondateurs d'ordres la considéraient comme un remède puissant contre les mauvaises pensées. Si l'on en croit les physiologistes, rien n'est plus propre à favoriser la propagation, rien ne donne plus de fécondité que cette nourriture; c'est ainsi que les bords de la mer, des lacs, des fleuves, sont toujours plus peuplés que l'intérieur des terres. Montesquieu attribue la grande population de la Chine à l'usage fréquent qu'on y fait du poisson. Il semble que la nature ait elle-même indiqué cette propriété en mettant dans chaque poisson une si grande quantité de germes reproducteurs. Plusieurs savants naturalistes se sont amusés à compter les œufs de certaines espèces : la femelle de la morue en contient à elle seule plus de neuf millions.

D'après Gallien, les Rhodiens traitaient d'efféminés ceux qui vivaient de poisson. Les Romains, dans les beaux temps de la république, avaient la même opinion; c'est également par cette raison que Moïse défendit l'usage du poisson aux Hébreux, et qu'il fut si longtemps prohibé en Egypte et en Lydie.

Il est certain que l'abus de cet aliment offre certains dangers. Cleyer, Boate, Brom et beaucoup d'autres voyageurs, n'hésitent pas à attribuer à cette cause l'éléphantiasis dont sont affligés les habitants de l'île de Java, la gale et la teigne, qu'on rencontre si fréquemment chez les Kamtchadales, les Irlandais et les Norwégiens.

L'esturgeon passe pour avoir été généralement l'objet constant des prédilections royales. Gatis, reine de Syrie, aimait tant ce poisson, qu'elle ordonna, par une loi expresse, que tous ceux qui seraient pêchés dans ses états lui fussent apportés. Sous Edouard II, ce poisson ne paraissait en Angleterre que sur la table du roi : une loi sévère interdisait également cet aliment à tout autre. Le roi Etienne voulut bien tempérer cette prohibition en 1138; mais elle reprit vigueur après son règne, comme prérogative royale. Du reste, il faut le reconnaître, l'esturgeon est un poisson magnifique. Pallas nous dit que, dans la mer Caspienne, on en pêchait de quarante pieds de long et pesant deux mille huit cents livres. On sait la guerre terrible qu'il fait aux saumons.

Le saumon est un poisson voyageur; bien qu'il soit d'eau douce, il préfère vivre dans l'eau salée, mais il revient chaque année rendre visite au fleuve où il reçut le jour. Le naturaliste Deslandes vérifia, à l'aide d'une expérience assez curieuse, ce fait. Il prit douze saumons, leur attacha des anneaux de fil de cuivre à la queue, et leur rendit la liberté ; cinq de ces saumons furent repris au même endroit l'année suivante ; trois l'année d'après, et le reste à la troisième année.

Les saumons entrent dans les fleuves par troupe rangée en ordre de bataille, et formant un triangle, comme les oies sauvages quand elles volent. Le plus gros ouvre la marche : c'est ordinairement une femelle; les plus petits sont à la queue. Lorsqu'ils rencontrent une cascade, ils sautent par dessus ; ils se reposent et dorment sur les pierres qu'ils trouvent au fond de l'eau ; si rien ne les trouble, ils nagent avec bruit sur la surface du fleuve ; mais ils sont très-craintifs : le bruit des cloches ou des moulins les inquiète ; l'ébranlement du tonnerre ou du canon suffit quelquefois pour les tuer.

Ce sont les mœurs des saumons et des esturgeons qui donnèrent à Franklin l'idée d'acclimater dans l'eau douce les poissons de mer : il réussit, en Amérique, à peupler de harengs une petite rivière.

Le hareng a fait la fortune des Hollandais; la pêche seule de ce poisson leur a fourni les moyens de soutenir une guerre contre la maison d'Autriche; à la vérité, il y en a peu d'aussi abondante.

Avant la révolution, les Anglais, les Hollandais, les Français, les Suédois, les Prussiens, les États-Unis en détruisaient au moins mille millions par an ; trois mille bâtiments pontés, de différentes grandeurs, et plus de cent mille matelots étaient occupés à cette pêche, sans compter les bâtiments de petite dimension, dont le nombre est incalculable. Sous Charles IX et Henri III, cette pêche bien moins considérable qu'elle n'est aujourd'hui, rapportait déjà à la France deux cent mille couronnes, qui valaient plus de six cent mille livres de notre monnaie.

C'est à un Flamand de Biervliet, nommé Guillaume Bukelds, et qui mourut en 1347, qu'on doit l'art d'encaquer les harengs. Ce procédé, qui consiste uniquement à serrer des poissons plats dans un baril, est bien simple ; néanmoins, le nom de son inventeur est révéré dans tous les Pays-Bas. Charles-Quint, qui se connaissait en mérite, passant avec la reine de Hongrie, sa sœur, à Biervliet, visita la sépulture de Bukelds, et lui fit élever un tombeau magnifique.

Les anciens connaissaient peu le hareng. Nicomède, roi de Bithynie, désirait beaucoup en manger ; mais on était trop loin de l'Océan pour lui en procurer ; son cuisinier fut obligé de lui en faire avec d'autres poissons. Il est vrai que ces peuples, ne fréquentant point les mers où se trouvent ces poissons, n'avaient pu observer l'allure des oiseaux de mer, qui suivent les bancs de harengs et les indiquent aux pêcheurs, tout en pêchant eux-mêmes. Mais les anciens connaissaient beaucoup de poissons de mer ; les principaux sont le turbot, la trachine, le maquereau, le thon, l'éperlan, la murène et la sardine.

Le turbot s'appelle aussi faisan de mer. Il est fort rusé ; pour attraper sa proie, il se tient à l'embouchure des rivières, et se couvre de boue. Les

Anglais se servent, pour les prendre, de lignes de trois milles de long, armées de deux mille cinq cents hameçons.

La trachine est ce qu'on nomme plus ordinairement la vive, poisson dangereux, parce que la nature l'a armé de deux aiguillons très-acérés, qui défendent sa poitrine; on a fait sur lui beaucoup de fables. Ce prétendu dragon, quand il a perdu ses deux poignards immobiles, ressemble à un saumon, et se traite comme lui dans la cuisine.

Le maquereau, appelé scombre par Aristote et d'autres naturalistes, passe l'hiver au fond de la mer, où il se nourrit de harengs. Il est plus petit dans la Méditerranée que dans l'Océan, où l'on en trouve qui pèsent jusqu'à cinq livres. Les Romains le salaient pour manger l'hiver.

Les savants sont peu d'accord sur l'origine de son nom. Scaliger dit qu'il est tiré d'un mot grec, qui veut dire saint, ce qui me paraît tant soit peu profane. Bleen prétend qu'il vient du mot latin *macularelli*, qui signifie petites taches, parce qu'en effet ce poisson est marqué sur le dos de quelques raies noires. Voici la version d'OElian, qui a bien son mérite :

« Dans une île de l'Archipel, nommée Athénas, il y avait, dit OElian, un lac fort abondant en maquereaux. Les pêcheurs avaient habitué, je ne sais par quel artifice, un certain nombre de ces poissons à venir deux fois par jour recevoir de leurs mains la pâture. En reconnaissance de ce bienfait, ces poissons, ainsi apprivoisés, passant du lac dans la mer, en rassemblaient grand nombre de sauvages de leur même espèce, qu'ils attiraient vers le bord du lac; ils les environnaient même pour les empêcher de s'écarter; ce qui en rendait la pêche fort abondante. Après ce manége, ils retournaient promptement au port attendre pour récompense leur souper, que les pêcheurs ne manquaient pas de leur donner. »

Il faut convenir que la conduite de ces maquereaux était tant soit peu déshonnête; mais les pêcheurs valaient encore moins qu'eux.

Les thons, quoique beaucoup plus gros, sont de la même famille que les scombres; ils ont jusqu'à huit pieds de long, et pèsent quelquefois quatre cent soixante livres. Cetti en a vu qui pesaient un millier. Les anciens les appelaient *Cordyles* et *Pélamides*. Pline dit qu'on ne les pêchait que dans l'Hélespont, le Pont-Euxin et la Propontide; aujourd'hui, c'est dans le golfe de Lyon qu'on en prend le plus. Ces poissons sont sujets à des vers intestinaux qui les rongent, et qui les rendent quelquefois si furieux, qu'ils sautent sur les vaisseaux. La tête et le dessous du ventre sont des parties les plus recherchées par les gourmets.

L'éperlan, très-commun sur nos tables, n'offre qu'une singularité, c'est qu'il répand, lorsqu'il commence à se corrompre, une forte odeur de violette.

La murène, ou anguille de mer, était particulièrement chérie des Romains, qui l'avaient très-bien acclimatée dans l'eau douce. Antonine, femme de Drusus, mettait à ses murènes des pendants d'oreilles fort riches; Crassus ornait les siennes avec des colliers de perles et de pierreries; il prenait le deuil chaque fois qu'il avait la douleur d'en perdre une. L'orateur Hortensius, ce bon gourmand, aimait tant une murène qu'il nourrissait dans un vivier, qu'il versa également des larmes sur sa perte. Voici qui est plus sérieux: Vidius Pollion, ami d'Auguste, persuadé que les murènes nourries de chair humaine avaient une saveur plus délicate, faisait jeter des esclaves dans les piscines où il nourrissait ces poissons.

La sardine, qui a donné son nom à la Sardaigne, est trop commune pour que je m'y arrête ; un seul coup de filet en rapporte souvent de quoi remplir quarante tonneaux.

Il s'en faut beaucoup cependant que cette pêche soit aussi productive que celle de la morue. Les Français furent les premiers qui envoyèrent des vaisseaux pêcheurs sur le grand banc de Terre-Neuve, en 1536. Pendant les guerres de l'empire, les Anglais, qui avaient accaparé toutes les pêches, prenaient une si grande quantité de harengs et de morue, que, ne pouvant tout vendre ni tout dévorer, ils en faisaient du savon.

Parmi les poissons d'étang et de rivière, il est convenable de mentionner la carpe. Originaire des parties méridionales de l'Europe, ce poisson fut porté en Angleterre en 1514, par Pierre Marchal, et en Danemark, en 1560, par Pierre Oxe. Quelques années après, la carpe a été introduite en Suède et en Hollande. Dans ce dernier pays, on les garde pendant l'hiver sur un filet plein de mousse humide et suspendu dans une cave ; on les nourrit avec de la mie de pain trempée dans du lait.

Le goût des carpes pêchées dans les grands fleuves est toujours préférable à celui des carpes d'étang ou de lac, et, dans tout le morceau, le plus délicat est la langue. Aujourd'hui les plus belles se pêchent dans le Rhin ; elles sont de quatre à cinq pieds de long, et pèsent de quarante à cinquante livres. M. Verdelet de Bourbonne en acheta un jour trois mille, pour en avoir les langues, qu'il se fit servir en un seul plat.

Quelque délicate que soit la chair de la carpe, celle de l'anguille, surtout quand elle est pêchée à l'embouchure de la Seine, est encore préférable ; cette anguille se nomme *guiseau*, et on la distingue des anguilles d'étang par sa robe verte, rayée de brun en dessus, argentée en dessous, tandis que celles prises dans les eaux limoneuses sont noires en dessus et jaunâtres sous le ventre.

Les belles anguilles sont très-estimées; à Paris, elles sont assez rares; mais dans les étangs de Commachie, près de Venise, elles sont si nombreuses, qu'elles en couvrent le fond. Dans les grandes masses d'eau, elles deviennent fort grosses. On en a pêché, difficilement il est vrai, qui avaient douze pieds de long, et qui étaient grosses comme la cuisse.

Les anguilles sont en partie amphibies; elles sortent quelquefois des étangs la nuit pour aller brouter l'herbe, surtout les petits pois nouvellement semés; elles s'enfoncent aussi dans la vase, où elles vivent à peu près comme les marmottes dans les terriers; ce qui fait qu'il arrive souvent aux paysans d'en déterrer de vivantes avec la bêche, lorsque le terrain qu'ils remuent tient la place d'un ancien étang desséché. Les anguilles aiment beaucoup la musique; elles ont cela de commun avec les aloses : on sait que les pêcheurs de la Méditerranée ont coutume de se faire accompagner par des musiciens, quand ils vont à la pêche de ce dernier poisson.

Pour terminer l'histoire des anguilles, disons que les Egyptiens les avaient mises au nombre de leurs dieux; ils leur rendaient un culte religieux; ils en élevaient dans des viviers, où des prêtres étaient chargés de leur apporter tous les jours du fromage et des entrailles d'animaux; ils apprivoisaient ces anguilles et les décoraient de petits colliers d'or, enrichis de pierreries, sur les fermoirs desquels on gravait, en caractères hiéroglyphiques, le nom du poisson.

Les plus gros brochets se prennent dans les lacs d'Allemagne et de Suisse; ils sont quelquefois monstrueux. Ce qui est certain, c'est qu'en 1497, à

Kayser-Lautern, dans le Paletinat, on en prit un qui avait dix-neuf pieds de long et qui pesait trois cent cinquante livres. Il fut peint, et son portrait est encore dans le château de Lautern, tandis que son squelette est conservé à Manheim comme une curiosité. Ce qui fut plus singulier, c'est qu'il portait au cou un collier de cuivre, sur lequel il était écrit que c'était l'empereur Barbe-Rousse qui l'avait fait mettre, en 1230, c'est-à-dire deux cent soixante-sept ans auparavant, dans l'étang où il fut pêché.

On juge que les brochets sont bons à la taille et à la couleur : s'ils sont verts, c'est qu'ils ont vécu dans une eau limpide ; s'ils sont bruns, c'est qu'ils ont habité les eaux vaseuses. Dans l'un ou l'autre cas, il ne faut pas qu'ils passent trois pieds de long pour être délicats. Le meilleur de tous est jaune-orange, taché de noir ; on l'appelle *le roi des brochets*.

On a raconté bien des histoires sur le compte des brochets ; en voici deux dont nous nous gardons bien de garantir l'authenticité. Dubravius, évêque d'Olmutz, prétend que les grenouilles sautent sur la tête des brochets et les aveuglent avec leurs pattes de devant pour les empêcher de les voir et de les croquer. Mais, après Dubravius, vient aussitôt Cardan, qui assure que, lorsque les brochets sont blessés, ils vont se frotter sur les tanches, dont la peau, couverte d'une humeur gluante, cicatrise leur plaie. C'est donc comme si les grenouilles n'avaient rien fait.

Avant d'en finir avec les poissons, disons quelques mots des huîtres.

Ce coquillage était beaucoup plus rare et plus recherché chez les anciens que chez les modernes ; cela provient sans doute de ce qu'on les faisait venir de plus loin. Cependant Macrobe assure qu'on en servait aux pontifes romains à tous leurs repas ;

privilége bien dispendieux, car les huîtres coûtaient alors des sommes énormes. Apicius en envoya de Rome en poste à Trajan, pendant que ce prince faisait la guerre aux Parthes. Cela fait supposer que les Romains avaient des procédés pour les conserver vivantes; mais ces procédés ne sont point parvenus jusqu'à nous. Une pareille opération paraît même assez difficile, car on connaît peu d'êtres vivants plus délicats que les huîtres : une pluie douce est mortelle pour elles; un seul grain de chaux vive peut en faire périr un nombre considérable.

Beaucoup d'auteurs ont célébré les huîtres : le Grec Matro les appelait les *truffes de la mer*, les Eoliens les nommaient *oreilles de Vénus;* mais, chose singulière! dès que le poëte Ausonne eut fait leur éloge dans ses ouvrages, elles tombèrent dans un tel discrédit qu'on n'en parla plus; il n'en reparut sur les bonnes tables qu'au siècle de Louis XIV.

Les huîtres les plus recherchées par les anciens étaient celles du lac Lucrin, de Brindes et d'Abyde, au détroit des Dardanelles. Aujourd'hui, ces lieux n'en produisent plus que de fort médiocres, et il faut aller chercher les meilleures en Angleterre et sur les côtes de la Normandie ou de la Bretagne; ces dernières sont les plus délicates.

Du reste, l'huître n'est pas le seul coquillage qui ait l'honorable privilége de décorer nos tables. En Provence, on mange des patelles, de fort jolis lepas et des oursins; en Sicile, des cannes; en Ecosse, des buccins et des sabots; en Angleterre, des pétoncles, des vignots, des manches de couteau; dans l'Inde, des moules magnifiques dont la robe, chatoyante ou nacrée, semble parsemée de perles et d'émeraudes.

DE LA VOLAILLE.

La poule est originaire du pays des Gates, peuple

situé entre le Malabar et le Coromandel; ainsi, la poule vient des Indes; mais elle a bien changé en voyageant. Dans son pays, elle n'a ni crête sur la tête, ni membrane charnue à la gorge. On ne sait comment ces ornements lui sont venus en Europe; sa voix a éprouvé aussi quelques changements.

Il y a des poules qui, dans leur jeunesse, imitent le chant du coq; mais cette coquetterie leur est souvent funeste : en Lorraine, les fermières mettent à mort impitoyablement toute poule assez ambitieuse pour usurper ce privilége masculin; c'est, à leurs yeux, l'effet d'un maléfice. Elles ont, à ce sujet, un proverbe assez plaisant : *Poule qui chante, prêtre qui donne, femme qui parle latin... n'arrivent jamais à bonne fin.*

On a beaucoup vanté l'estomac de l'autruche, je doute qu'il soit plus robuste que celui de la poule; il n'y a point d'oiseau qui ait les sucs digestifs plus actifs : en quatre heures, cet estomac réduit en poudre impalpable une boule de verre assez épaisse pour supporter un poids de quatre livres; il broie dix-sept noisettes en vingt-quatre heures. Le célèbre Spallanzani hérissa une balle de plomb avec douze grosses aiguilles d'acier, qui excédaient de trois lignes la superficie de la balle; une poule avala cette terrible préparation; en l'ouvrant, on trouva les aiguilles parfaitement arrondies; la balle était rayée à la surface; la poule seule n'avait nullement souffert de ce contact.

Ce furent les habitants de l'île de Cos qui apprirent aux Romains l'art d'engraisser les volailles dans des lieux clos et sombres. La consommation qui s'en faisait à Rome obligea le consul Caïus Farmius à faire une loi qui défendait d'élever les poules dans des mues. Nous avons déjà parlé succinctement de l'habileté avec laquelle les Romains parvenaient à éluder les lois somptuaires; en voici un exemple bien frappant. Que firent-ils dans cette circonstance? On leur défendait d'engraisser des poules; ils engraissèrent des chapons.

La nature nous présente environ quarante-deux variétés de canards, parmi lesquels il y en a de fort singuliers : le *canard musqué*, par exemple, dont la chair est très-délicate; mais il faut avoir soin de lui couper le croupion avant de le faire cuire; sans cette précaution, il prend une odeur de musc si forte, qu'il est presque impossible de le manger.

Les Chinois ont un grand respect pour cet animal; on en voit, près de Canton, des compagnies de quinze ou vingt mille à la fois. Ce serait, selon Joseph Gonzalès, un crime de les tuer, parce qu'ils arrachent, dans les champs ensemencés, toutes les mauvaises herbes sans nuire aux grains. Il est bien à regretter que, dans nos pays, les canards sauvages n'aient point encore fait preuve d'une pareille vertu.

N'en déplaise à Loyola, les dindons ne sont point dus aux jésuites. Ce fut Méléagre, roi de Macédoine, qui les apporta en Europe, l'an du monde 3557. Les Grecs, reconnaissants, donnèrent aux dindons le nom de ce prince; ils les appelèrent *méléagrides*. Sophocle les introduisit dans une de ses tragédies, pour y pleurer la mort de ce héros. Aristote, Clitin de Milet, Callixènes de Rhodes les ont décrits avec une exactitude telle, qu'il est impossible de ne pas les reconnaître. Lisez Varron, vous verrez même qu'on en élevait dans des métairies romaines.

Il est vrai que ces oiseaux devinrent, on ne sait pourquoi, plus rares de jour en jour en Italie. Volatéran, étant à Rome en 1510, en vit deux dans une volière appartenant au cardinal de Saint-Clément; on les montrait comme des oiseaux précieux. Mais ils ont toujours été fort communs en Turquie.

Jacques Cœur en rapporta de l'Inde en 1450; ce

sont les premiers qu'on ait vus en France; ce ne fut que vers l'année 1504 qu'Améric-Vespuce les fit connaître aux Portugais; Henri VIII en fit venir en Angleterre en 1525. Mais on n'en mangeait pas encore. Le premier fut servi aux noces de Charles IX, en 1570.

Les anciens ont toujours eu une grande vénération, et malheureusement pour elles, en même temps un grand goût pour les oies. Les Egyptiens les regardaient comme un des mets les plus délicats; ils en firent servir au roi Agésilas, lorsqu'il passa dans leur pays. Rhadamante leur portait tant d'estime, qu'il ordonna qu'on ne jurerait plus par les dieux, mais bien par les oies; du reste, les Anglais juraient aussi par les oies, lorsque César fit la conquête de leur île. Scaliger, Plutarque, Ammien Marcellin, rendent le plus bel hommage à leurs brillantes qualités. Elles sont, disent-ils, le plus pur emblème de la prudence; elles baissent la tête pour passer sous un pont, quelque élevées qu'en soient les arches. Elles sont pudiques, et assez raisonnables pour se purger sans médecin, quand elles sont malades. Elles sont pétries de prévoyance; lorsqu'elles passent sur le mont Taurus, qui est rempli d'aigles, comme elles se connaissent fort babillardes, elles prennent chacune une pierre dans leur bec, pour éviter, par cette légère violence de former aucun accent qui puisse les faire découvrir. Elles sont encore fort obligeantes : le chimiste Lemery a vu une oie qui tournait la broche pour un dindon, bien convaincue pourtant que jamais ce dindon ne tournerait pour elle.

Frédéric Naurea, évêque de Vienne, a dit dans un panégyrique de saint Martin, que ce bienheureux saint avait toutes les vertus des oies; et les premiers chrétiens gaulois avaient cru devoir donner à ces animaux un patron, saint Feneol, qui, dit Rabelais, aimait les oies bien grasses.

Une fois, comme chacun sait, les Gaulois s'emparèrent de Rome ; le Capitole seul n'était point tombé entre leurs mains. Enfin, ils résolurent d'en faire le siége : c'était la nuit. Ni les sentinelles, ni les chiens ne signalèrent leur approche. Un instant encore, et le dernier rempart de Rome était pris, lorsque tout à coup les oies, qu'on gardait dans le temple de Junon, battirent des ailes et poussèrent des cris. M. Manlius, éveillé le premier, sonna l'alarme, courut à la muraille et renversa un Gaulois, qui embrassait déjà les créneaux. Sa chute entraîna ceux qui le suivaient ; les compagnons de Manlius achevèrent, à coups de pierres et de traits, de précipiter les autres.

En reconnaissance de ce bon office, les Romains ordonnèrent qu'il y aurait toujours un certain nombre d'oies entretenues dans le Capitole aux dépens du public. Le premier soin des censeurs, lorsqu'ils entraient en charge, était de pourvoir à leur nourriture. La superstition fut poussée jusqu'à offrir des sacrifices à ces oiseaux tutélaires. Chaque année on portait fièrement une oie en procession, sur un brancard richement orné, et en même temps un chien attaché à une potence ; la justice aurait peut-être voulu qu'on adjoignît un Romain à ce chien.

Malgré tous ces beaux honneurs, les oies n'étaient pas moins un régal très-recherché des Romains ; il est vrai de dire que c'étaient rarement des oies romaines ; on leur préférait beaucoup les oies élevées par les Gaulois en Picardie. Tous les ans on conduisait à Rome des troupeaux considérables d'oies picardes, qui cheminaient à pied, comme nous voyons des caravanes de dindons parcourir nos départements.

Dans la suite, l'oie devint le mets obligé sur toutes les tables, les jours de fêtes et de galas.

Aujourd'hui encore, le jour de Noël, il est d'étiquette, à Londres, de manger une oie. Cette coutume britannique tient, à la vérité, à une circonstance particulière : Elisabeth avait une oie rôtie, sur sa table, le jour de Noël, lorsqu'elle reçut la nouvelle de la destruction de la fameuse *Armada* de Philippe II, roi d'Espagne, qui devait envahir l'Angleterre et détrôner la reine.

Bien des gens savourent le parfumé foie gras, sans savoir à qui ils sont redevables de cette bienfaisante découverte : c'est encore à un Romain, le consul Scipio Metellus. Il y a plusieurs procédés pour pousser les oies à nous fournir ce mets délicieux ; en voici un qui ne manque ni d'originalité ni de charme. Dans les environs de Bayonne, on déplume tout vif l'estomac des oies ; on attache ensuite ces animaux aux chenets d'une cheminée, et on les nourrit devant le feu. La captivité et la chaleur donnent à ces volatiles une maladie hépatique, qui fait gonfler leur foie aux dépens du corps, et rend ce viscère plus onctueux, plus délicat.

Je demande bien pardon à mes lectrices de la digression que je vais faire ; mais, puisque nous en sommes aux moyens d'engraisser la volaille et notamment les oies, je ne crois guères pouvoir me dispenser de donner ici quelques détails sur la façon dont on s'y prend en Turquie pour engraisser les femmes.

Les Circassiennes, les Géorgiennes, les Mingreliennes et même les femmes grecques sont naturellement fort belles ; mais il y a des hommes à qui cette qualité divine dans une femme, ne suffit pas ; il faut qu'elle pèse.

Pour cela, on prend une jeune fille, on la met dans un lieu étroit et mal éclairé, on l'oblige d'être presque toujours couchée sur d'épais coussins, d'observer un silence rigoureux ; son seul amusement est de pincer du théorbe, de jouer du tympanon ou d'arranger sa coiffure devant un miroir. On lui fait prendre deux bains par jour, on la masse matin et soir ; on donne, avec de l'essence, de la souplesse à sa belle peau ; enfin, on l'*empâte* d'une bouillie de farine de maïs mêlée avec du miel, ou édulcorée avec du sirop de dattes. Au bout de quinze jours, la jeune fille se trouve complétement abrutie, c'est vrai, mais elle est grasse à point : c'est le moment de la marier.

MACÉDOINE.

Nous avons déjà parlé des viandes, des poissons, du gibier et de la volaille ; mais les omnivores ne pouvaient se contenter de ces aliments, qui eussent laissé chômer la plus grande partie de leurs intestins. Il leur fallait des légumes et des fruits ; plus tard, le perfectionnement du goût y ajouta quelques autres plantes qui devaient servir aux assaisonnements. Ce sont ces différents objets que nous allons traiter ici sous le nom de Macédoine.

Sous ce rapport, nous devons beaucoup aux Romains. Ce sont eux qui rapportèrent le figuier et le concombre de l'Asie, le melon de l'Afrique, l'abricot et le cantaloup de l'Arménie ; cette dernière plante ne passa d'Italie en France que sous Charles VIII, qui en fit don lui-même à son pays. Ils empruntèrent la pêche et les noix aux Perses, le citron aux Mèdes qui l'avaient trouvé en Assyrie, la pistache aux Syriens, chez qui Vitellius alla la chercher lui-même ; enfin les choux verts et les choux rouges aux Égyptiens. Mais ce sont les peuples du Nord qui nous ont fait connaître les choux blancs, qu'on n'a su faire pommer qu'après Charlemagne.

Ce prince aimait beaucoup les légumes : ses *Capitulaires* nous apprennent que l'on cultivait dans son potager, non pas la laitue romaine que Rabelais rapporta d'Italie, mais la laitue pommée, le cresson, la chicorée, le cerfeuil, les carottes et les navets. On mangeait alors en salade de jeunes orties et les desserts se composaient de l'amande, qui nous a été donnée par la Mauritanie, de l'olive plantée en Provence par les Phocéens, de la noisette qui vient de Pont, et de la châtaigne originaire de Sardes en Lydie.

Les anciens avaient une idée bien différente de la lentille et du chou. Pythagore regarde le chou comme un remède universel; Caton le vante comme une *panacée*, à laquelle nulle maladie ne résiste. Chrysippe, fameux médecin de Gnide, a écrit un gros volume sur les vertus du chou; Galieri et Mathiole le prônent avec emphase. Cicéron prétend qu'au contraire la lentille rend froid et paresseux; les Romains mettaient cet aliment au nombre des aliments funèbres et de mauvais augure. Crassus, faisant la guerre aux Parthes, crut que son armée serait défaite et mise en déroute, par la seule raison que, les munitions de blé étant épuisées, il se trouvait obligé de nourrir son armée avec des lentilles.

Les anciens n'avaient guère meilleure opinion des fèves. « Les fèves, dit Ovide, portent dans leurs fleurs une lettre de deuil; elles sont consacrées aux morts, elles font partie des sacrifices offerts aux dieux infernaux et servent à évoquer les esprits. Si l'on en plante au pied d'un arbre, cet arbre dépérit; si l'on en nourrit des poules, elles ne pondent plus; si l'on se promène dans un champ de fèves en fleurs, on éprouve de la mélancolie, des vapeurs, des vertiges. Aussi Pythagore défendait-il rigoureusement à ses disciples de manger de ce légume. Il est vrai que quelques auteurs, et notamment Plutarque, sont d'avis que, dans cette prohibition, Pythagore parlait par métaphore, et recommandait seulement à ses disciples de s'abstenir des charges publiques, parce que les suffrages se donnaient avec des fèves.

Les anciens connaissaient encore beaucoup d'autres plantes. Les artichauts, qui ne passèrent de Venise en France qu'en 1473, étaient déjà appréciés du temps de Théophraste, sous le nom de chardon comestible; Néron appelait les champignons la *chair des dieux;* ce fut Alexandre-le-Grand qui rapporta les haricots de l'Inde, les ognons de l'Égypte, l'échalote de la Phénicie, où elle a emprunté son nom à celui de la ville d'Ascalon; nous devons les cerises à Mithridate, les poires à Pyrrhus, le persil aux Carthaginois, qui le transplantèrent de Sardaigne à Marseille.

Ils connaissaient également les truffes, qu'ils regardaient à la vérité comme un minéral; pour appuyer cette assertion, Pline raconte l'histoire de Lartius-Licinus, gouverneur de l'Espagne, qui, mordant dans une truffe, se cassa une dent contre un denier romain qui s'y trouva renfermé sans y avoir été mis exprès.

Les Grecs méprisaient l'ail, et défendaient l'entrée du temple de Cybèle à ceux qui en avaient mangé, tandis que les Égyptiens, qui en faisaient leurs délices, lui avaient dressé des autels. Les petits pois verts étaient moins estimés; Columelle dit que, de son temps, il y a environ seize à dix-sept siècles, on les donnait encore aux chevaux. Mais il n'est personne qui ne sache le grand cas que les Romains faisaient des pommes; les familles qui avaient le bonheur d'en découvrir d'une nouvelle espèce se considéraient comme très-honorées de lui donner leur nom. C'est ainsi qu'ils avaient les Mauliennes, les Claudiennes, les Cestiennes, les Mariennes et les Appiennes, dont nous avons peut-être fait les pommes d'api.

Le jour des noces, les anciens avaient une coutume assez singulière : ils présentaient une pomme au mari; ce devait être sa seule nourriture, et ils répandaient une grande quantité de noix dans la chambre qui précédait la chambre nuptiale : ces noix étaient là pour signaler l'approche des indiscrets et des curieux.

Quand les Barbares du Nord vinrent ravager les Gaules, ils y apportèrent bien des fléaux, mais en compensation, ils y transplantèrent les betteraves et l'angélique, qu'ils avaient prises en passant dans la Bohême. Les prunes ne furent connues en France qu'après les croisades : elles venaient de Syrie et de Damas, où les croisés les avaient rencontrées. Celles de la reine Claude doivent leur nom à la première femme de François Ier, fille de Louis XII; celles de Mirabelle ont été apportées en Provence, puis en Lorraine, par le bon roi René; quant à celles de Monsieur, on les nomme ainsi parce que Monsieur, frère de Louis XIV, les aimait beaucoup. Les abricots-pêches ont été obtenus depuis, en greffant un abricotier sur un prunier de Reine-Claude.

Si nous devons autant aux anciens, aux Barbares et aux croisés, nous ne devons pas moins aux navigateurs. Ce sont eux qui rapportèrent l'ananas de Surinam, la cannelle de Ceylan, la vanille du Mexique, le poivre de Sumatra, les câpres de la Barbarie, le piment des Caraïbes, les capucines du Pérou, le girofle et la muscade des îles Moluques. Cette noix fit prendre bien des fois les armes aux Hollandais dans les Indes. Du reste, comme chacun sait, le figuier dont nous parlions tout à l'heure, fut également cause que Xercès déclara la guerre aux Athéniens, et que Rome, à l'instigation de Caton, attaqua Carthage; les Orientaux se sont aussi très-fréquemment battus pour le dattier.

C'est à sir Walter Raleig, celui qui découvrit la Virginie et en prit possession au nom d'Elisabeth, que nous devons les pommes de terre.

Bien que les Espagnols eussent découvert le cacao dès l'année 1520, ce fut la femme de Louis XIV qui mangea, la première, du chocolat en France. Ce monarque fut également le premier qui, en 1644, prit du café. Le café est originaire de l'Ethiopie; quelques savants lui attribuent certaines propriétés fort malfaisantes, notamment pour les hommes, qu'il débilite. Ajoutons, pour être justes, que les femmes ont également reçu de la nature un poison à leur usage. Le thé vert est, au Japon, une plante aussi vénéneuse que les mauvais champignons; on parvient, par la fermentation et la torréfaction, à lui enlever une partie de son âcreté; mais il agit encore très-puissamment sur les nerfs, et presque toutes les personnes qui en usent habituellement sont sujettes à des tremblements et à des vapeurs, les dames à de bien plus graves inconvénients.

C'est ici ou jamais, je crois, l'occasion de parler du sucre. Il n'y a pas longtemps que le sucre est connu en Europe. Les Chinois ne donnèrent la canne aux Arabes qu'à la fin du treizième siècle; elle passa d'Arabie en Egypte et en Ethiopie; mais ce ne fut qu'en 1420 que dom Henri, régent de Portugal, fit transporter les cannes à sucre de Madère en Sicile. On ne faisait encore que de la grosse cassonade. Enfin, en 1471, un Vénitien trouva le secret de la purifier et de faire du sucre en pains. Cet aliment devint l'assaisonnement le plus recherché; on l'employa de toutes manières, et les dragées prirent des formes si agréables que les princes, les chevaliers, en avaient toujours dans leurs poches. On lit dans le Journal de Henri II que le duc de Guise, au moment où il fut assassiné, venait de prendre des dragées dans son *drageoir*.

Après avoir parlé de sucre et de dragées, il est assez pénible d'avoir à dire que les poireaux viennent d'Arcadie, les salsifis d'Espagne, les épinards de Hollande; les coings de l'île de Crète; mais les oranges sont là pour nous dédommager. Les oranges jaunes, envoyées en Afrique par les Chinois, ont été, dit-on, changées en oranges rouges par les Carthaginois, qui greffèrent un oranger sur un grenadier. On a vainement tenté d'acclimater ce beau fruit dans le centre de la France : le premier qui fit cet essai fut le connétable de Bourbon; il était le seul qui cultivât un bel oranger; mais, lors de sa révolte, le roi confisqua l'arbre précieux, que l'on conserve encore, à Fontainebleau.

Pour terminer, disons un mot de la moutarde. Ce ne sera pas la première fois qu'on aura servi la moutarde après le dîner. Les anciens connaissaient parfaitement cette graine. Pline assure qu'elle est le contrepoison des champignons vénéneux. Mais elle n'a pas toujours porté ce nom de moutarde. On l'appelait autrefois *sauve* ou *senevé*; ce ne fut qu'en 1392 qu'on la débaptisa. Philippe-le-Hardi, duc de Bourgogne, ayant marché contre les Gantois révoltés, et Dijon lui ayant fourni pour cette expédition mille hommes d'armes, le duc, reconnaissant, accorda à la ville, entre autres priviléges, celui de porter ses armes avec sa devise *moult me tarde*. La ville fit sculpter l'un et l'autre sur sa porte principale; mais un accident ayant détruit le mot du milieu, on ne lisait plus que *moult tarde*, et l'on donna, par dérision, ce nom au senevé que fabriquaient en grande quantité les habitants de Dijon.

Ceci nous rappelle une autre anecdote. Un fabricant de la même ville avait écrit sur sa porte cette phrase : *multum tardat divio nixam*. Les érudits ne manquèrent pas de s'arrêter devant l'inscription, et se mirent à la torture pour en trouver le sens ; mais ils n'y purent parvenir, et dénoncèrent le fabricant, qui, obligé de traduire son enseigne, le fit ainsi : *moult tarde Dijon noise* (moutarde dijonnaise).

A l'occasion des légumes, il n'est pas hors de propos, je pense de parler du carême ; à l'occasion du carême, nous parlerons des œufs et du lait ; à l'occasion du lait, nous nous occuperons du beurre et du fromage : voilà comme d'habitude s'enchaînent les idées.

Le carême a été, dit-on, inventé par les prêtres d'Isis. Les Egyptiens croyaient que l'âme avait besoin, pour s'épurer, d'affaiblir les liens corporels et de diminuer le fardeau de la matière ; c'était du moins, ce qu'enseignaient les prêtres de Memphis. Mais, sans nous arrêter à cette origine profane, voyons plutôt quelle influence cette institution exerça sur les mœurs.

Pendant un temps, les prohibitions du carême furent très-rigoureuses. Certains fondateurs d'ordres ne se contentaient pas d'exiger de leurs moines une sévère abstinence, ils les faisaient encore maigrir par des saignées faites à propos. Cette cérémonie s'appelait *minutio monadii* ; on assure que peu de moines aimaient cette façon d'être *diminués*.

Le clergé polonais s'est toujours montré plus scrupuleux que le nôtre ; il faisait autrefois arracher impitoyablement les dents à toute personne accusée et convaincue d'avoir mangé de la viande en carême.

Mercier raconte qu'à Paris même, dans sa jeunesse, c'est-à-dire vers le milieu du dernier siècle, on était obligé, lorsqu'on voulait envoyer, ces jours-là, un bouillon à un malade, de le cacher dans une boîte à perruque. Il se rappelle avoir vu des estafiers, commis à cet effet, arrêter le dîner du prince de Condé, qu'on lui portait de son hôtel au jeu de paume de la rue Mazarine, où il l'attendait.

Cependant, quelques sages prélats apportèrent de temps à autre des adoucissements à cette règle. Saint Colomban et saint Benoît ne défendaient que l'usage des quadrupèdes et permettaient tous les oiseaux. Les Pères de l'Eglise ont très-ingénieusement justifié cette tolérance, en disant qu'en effet les oiseaux, qui avaient été créés le même jour que les poissons, ne pouvaient être assimilés aux autres animaux, qui ne l'avaient été que le jour suivant. La volaille, en sa qualité d'oiseau, fut donc longtemps permise; mais les œufs ne l'étaient pas. En 1555, pour la première fois, un évêque fit un mandement qui autorisait à manger des œufs pendant le carême; c'était une grande consolation pour le peuple; mais quelques robins trop rigides s'effarouchèrent et dénoncèrent l'évêque aux gens du roi; celui-ci se défendit en citant une bulle de Jules III. Le parlement censura néanmoins le mandement, et les œufs furent de nouveau bannis de la liste des aliments maigres.

C'est de cette interdiction des œufs qu'est venue l'habitude d'en faire bénir, le samedi saint, une grande quantité qu'on donnait à ses amis le jour de Pâques. Le roi Louis XV en avait des pyramides immenses dans son cabinet : il les distribuait à ses courtisans après la grand'messe; ces œufs étaient peints, dorés ou gravés avec beaucoup d'élégance (1).

---

(1) Pour graver un œuf, on fait un vernis blanc, en mélangeant un peu de cire avec de l'esprit de térébenthine; on prend un pinceau, et l'on dessine sur l'œuf les objets qu'on veut graver en relief. Quand le dessin est sec, on fait macérer quelques heures l'œuf dans de bon vinaigre; cet acide ronge un peu la coquille, mais ne touche pas

Le même usage existe encore en Russie; mais là, il est évident qu'il ne tient pas à la discipline ecclésiastique. Du reste, les Romains connaissaient aussi les œufs rouges et s'en donnaient pour étrennes, en mémoire de Castor et de Pollux.

Plusieurs philosophes anciens regardaient l'œuf comme l'emblème du monde et des quatre éléments. La coquille, disaient-ils, représente la terre; le blanc est l'image de l'eau; le jaune figure le feu, et l'on trouve l'air sous la coquille. Les Grecs et les Romains s'en servaient toujours dans leurs sacrifices; l'œuf était porté en pompe dans les fêtes de Cérès.

Malgré ces éloges et ces hommages, les anciens aimaient beaucoup les œufs; quelques sectes seulement en condamnaient l'usage : Orphée, Pythagore et leurs disciples s'en abstenaient, pour ne pas détruire un germe que la nature destinait à la reproduction.

Les Syriens faisaient un si grand cas de ces mets, que c'était naïvement en considération de l'excellence de leurs œufs qu'ils adoraient les poules. Les Egyptiens avaient une façon assez singulière de les cuire; ils les mettaient dans une fronde et les faisaient tourner rapidement, jusqu'à ce que le frottement de l'air les eut échauffés à point.

Si l'on en croit Horace, les Romains faisaient une grande différence entre les œufs qui étaient longs et ceux qui étaient courts; ils préféraient beaucoup les premiers. Du reste, ainsi que nous l'avons vu, ils ne se bornaient pas aux œufs de poule; ils recherchaient également les œufs de faisan, de paon et de perdrix; Gallien regardait ceux-ci comme les plus délicats. Ce fut Q. Hortensius qui, le premier, donna l'exemple de ce luxe dans un grand festin, lorsqu'il

---

aux endroits couverts de vernis, qui, gardant plus d'épaisseur, deviennent visibles; on enlève ensuite le vernis avec un peu d'esprit de vin.

fut reçu augure. Les œufs qu'il fit servir lui coûtèrent plus de deux francs pièce.

Les Romains avaient plusieurs proverbes où les œufs jouent un rôle; tel est celui-ci, qu'ils avaient reçu des Grecs : *c'est facile comme de raccommoder la coquille d'un œuf*, pour dire : c'est impossible ; cet autre : rester à table *ab ovo usque ad mala*, depuis les œufs jusqu'aux pommes, signifiait rester à table depuis le commencement du repas jusqu'à la fin. Nous avons francisé la moitié de ce dernier proverbe, et nous disons : Il faut reprendre cette histoire *ab ovo*.

Livie, femme de Néron, étant grosse et désirant connaître d'avance le sexe de l'enfant qu'elle portait dans son sein, consulta une devineresse. Celle-ci lui conseilla d'échauffer sous elle un œuf nouvellement pondu jusqu'à ce qu'elle le fît éclore; son enfant devait être du même sexe que le poulet qui en sortirait. Livie suivit le conseil; un coq sortit de l'œuf, et la princesse accoucha de Tibère. Dès le lendemain, toutes les femmes grosses de Rome se mirent à couver des œufs.

De notre temps, le plus délicieux usage que l'on ait fait des œufs, est l'omelette fameuse que le prince de Soubise commandait à certaines époques à son cuisinier, pour la table de Louis XV ; cette omelette appelée *la Royale*, était composée de crêtes de coq, de champignons hachés, de filets de caille et d'ortolans, et coûtait cinquante écus au prince. Carlin, le célèbre Carlin, en avait également composé une, qui lui donna une indigestion dont il mourut.

Le lait a dû longtemps à son origine l'honneur d'être frappé de la même interdiction que les œufs; cette défense s'étendit même au beurre et au fromage.

Le beurre, si facile à faire pourtant a été très-longtemps inconnu des Grecs. Aristote en soupçonne l'existence, et le décrit, mais très-imparfaitement, comme une huile solide. Ce ne fut, selon Hécatée d'Abdère, que cinquante ans après qu'il fut regardé comme un aliment; encore les Grecs ne le préparaient-ils pas eux-mêmes : ils le faisaient venir du pays des Parthes, et le nommaient *huile de lait.* A peine les Romains en avaient-ils entendu parler du temps de Pline; cet historien ne le cite que comme un remède étranger, dont les Barbares seuls faisaient leur nourriture.

Les anciens connaissaient au contraire parfaitement le fromage; ils en attribuaient l'invention à Aristée, roi d'Arcadie, fils d'Apollon et de la nymphe Cyrenne.

Le fromage le plus délicat, suivant Aristote, était le fromage de chameau; il met au second rang ceux de jument et d'ânesse, et ne place qu'au troisième ceux de vache et de chèvre, quoique plus onctueux et plus gras.

Les Romains fumaient leurs fromages pour leur donner un goût piquant; ils avaient des lieux publics destinés à cet usage, et qu'ils appelaient *taberna casearia.* A Athènes, le fromage était la seule nourriture des athlètes; les Hébreux, les Grecs et les Romains en avaient toujours dans les munitions de bouche de leurs armées : c'était chez eux un aliment militaire.

Parmi les fromages les plus estimés, il faut compter, de nos jours, le fromage de Parmésan, introduit pour la première fois en France par Charles VIII, qui en envoya de Plaisance deux en présent à la reine et au duc de Bourbon, et le fromage de Neufchâtel, d'autant plus précieux pour moi qu'il me donne l'occasion de vous raconter deux anecdotes.

M. B*** de Saint-Edme, conseiller au parlement de Dijon, voulant connaître la moderne Neustrie, était venu jusqu'à Rouen, où quelques parlementaires le reçurent avec les prévenances, les égards et les cérémonies qu'on se prodigue entre confrères pour se témoigner une considération réelle ou simulée. Au repas qu'on lui donna, Saint-Edme distingua de petits fromages en bondons, qui lui parurent crêmeux et d'une pâte très-fine,

— De quel pays les tirez-vous ? dit-il à son amphytrion.

— De Neufchâtel.

— Parbleu ! j'en suis charmé... J'ai précisément dans cet endroit un correspondant ; je lui écrirai de m'en envoyer à Dijon.

Le conseiller écrit en effet et demande quinze douzaines de fromages.

— C'est assez pour une fois, pensa-t-il... Je les ferai connaître à mes amis, et si j'en désire davantage, je serai toujours à même d'en demander.

Quelques jours après il retourne en Bourgogne, où les fonctions de sa charge le rappelaient.

Un jour qu'il recevait les membres de la chambre dans laquelle il siégait, son maître d'hôtel, pâle, presque tremblant, l'œil effaré, vient au milieu du dîner lui dire à l'oreille :

— Monsieur ! monsieur ! voilà les fromages de Neufchâtel qui arrivent !

— Ah ! tant mieux ! j'aurai le plaisir d'en offrir à mes chers collègues ; faites-en servir six sur la table.

— Comment ! monsieur, six !

— Oui... six ou huit sur une assiette ; les autres, vous les mettrez dans l'armoire de l'office.

— Monsieur plaisante ; cela est impossible.

— Et pourquoi, s'il vous plaît ?

— Monsieur, c'est qu'un seul fromage, grand comme une meule de moulin, ne peut tenir dans une assiette, et qu'on ne saurait mettre dans une armoire les cinq grandes charrettes qui sont dans la cour de l'hôtel.

— Qu'est-ce à dire ? cinq charrettes !

— Voyez plutôt, monsieur, reprend le maître d'hôtel en lui donnant la lettre de voiture, qui monte à une somme considérable.

M. de Saint-Edme demeura stupéfait.

Ceci vous prouve qu'il y a deux villes de Neufchâtel, l'une en Suisse et l'autre en Normandie, où l'on fait également des fromages ; ceux qu'avait reçus le malheureux conseiller étaient du premier pays.

Une autre aventure, non moins singulière, arriva dans le Neufchâtel normand. On était à cette époque où le numéraire, presque entièrement disparu de la circulation, ne permettait plus que les échanges en nature à ceux qui n'avaient pas confiance dans les assignats.

Une troupe de comédiens ambulants vint donner quelques représentations à Neufchâtel, et, pour attirer les spectateurs, ils avaient mis leurs places à 20 ou 10 sous, payables, soit en monnaie, soit en fromages.

La vieille baronne d'Olleville, retirée dans son donjon à deux lieues de Neufchâtel, entend parler avec éloge de ces comédiens. Un grand acteur, sec et maigre, nommé Dorval, le directeur de la troupe, était surtout, disait-on, très-pathétique dans le rôle de don Juan, du *Festin de Pierre.*

— Je le verrai, dit la baronne d'Olleville.

Et elle fait mettre à une antique carriole deux chevaux de son fermier. Blaise la conduit au théâtre ; mademoiselle Gertrude, sa femme de chambre, l'accompagne avec la petite Nicolle, sa filleule, et Picard, son vieux domestique, la suit. Pour régaler tout son monde du spectacle, elle avait péniblement tiré de son escarcelle un louis gardé depuis le mariage de Louis XV.

Arrivée au bureau, elle demande quatre premières places, et donne le louis chéri. Paillasse, qui fait à la porte le rôle de contrôleur, lui remet poliment quatre billets.

— Rendez à madame, dit-il, ce qui lui revient sur sa pièce.

A l'instant, on porte dans le carrosse quatre cents petits fromages représentant les 20 francs de surplus.

A la vue des huit paniers qui renferment cette singulière monnaie, la baronne jette les hauts cris, elle prétend qu'on insulte à sa qualité. La foule entoure en riant la voiture; il n'y a plus moyen de traverser une pareille cohue, ni de se montrer dans la salle. Madame d'Olleville est sur le point de demander qu'on lui rende son argent; mais elle craint qu'on ne le lui rende encore en fromages, et elle en a déjà jusqu'au menton.

Enfin, la baronne prend son parti; elle s'efforce de rire aussi, et, retournant à son donjon, elle dit aux plaisants :

— Allons!... voilà ma provision faite... Au revoir, mes bons amis!...

Les nombreux *condiments* dont nous avons parlé dans ce chapitre nous amènent naturellement à parler des sauces. Les sauces sont la base de toute bonne cuisine; c'est là surtout que brille le talent d'un habile cuisinier.

On se tromperait étrangement si l'on s'imaginait que la science d'un véritable officier de bouche pût se borner à bien savoir choisir, conserver, préparer et cuire les aliments; il faut encore, et avant tout, qu'il connaisse à fond la théorie des saveurs.

Dans l'état actuel de l'art culinaire, on compte autant de saveurs qu'il y a de couleurs dans l'arc-en-ciel.

Non-seulement un cuisinier expert doit savoir reconnaître les différentes saveurs, il doit encore apprendre à les combiner de manière à flatter le plus agréablement possible le palais. Toutes les combinaisons ne sont pas également admissibles; il en est même qu'il faut rejeter entièrement. Ainsi, le sucre s'allie très-bien avec les aliments doux, acides ou amers; mais il ne peut s'associer avec les substances salées.

Les différentes saveurs n'affectent point non plus de la même façon les organes du goût; le piment, par exemple, pique principalement les bords latéraux de la langue; la canelle stimule spécialement le bout de ce même muscle; le poivre fait sentir son ardeur sur le milieu. Les amers portent leur action sur le fond de la bouche, les spiritueux, sur le palais et la bouche; quelques substances ne sont sapides que dans le gosier, d'autres dans l'estomac. Lorsque l'organe du goût est émoussé dans l'un de ces points, il est donc encore possible d'attaquer les autres et de produire des sensations nouvelles.

Telles sont les merveilleuses ressources que la science met aux mains d'un savant cuisinier. Comme on le voit, s'il a une occasion favorable de les appliquer, ce doit être dans la préparation des sauces.

Les Grecs et les Romains n'eurent longtemps, pour assaisonner leurs mets, que le sel, une espèce de poivre qui n'est point celui de nos îles, l'ail, l'oignon, les poireaux, le vinaigre, la moutarde, le miel et quelques plantes aromatiques. A une autre époque de civilisation, ils joignirent à ces condiments le cumin, la menthe, le safran, l'oxymel, l'anet, le beurre, le silphium, que quelques botanistes croient être l'opium, et le fromage. C'était bien peu encore. Néanmoins, ils savaient préparer quelques sauces, parmi lesquelles l'histoire nous a surtout recommandé le *garum*.

Le *garum* se préparait en pilant des poissons salés et séchés, et en les laissant exposés à l'air, après les avoir suffisamment imbibés d'eau salée pour qu'il s'établît un commencement de décomposition; on y joignait du thym, du laurier et d'autres aromates. Cette saumure était noire, piquante et très-propre à exciter l'appétit; elle se payait à Rome, du temps des empereures, aussi cher que les parfums les plus précieux.

Pendant les premiers siècles de barbarie, l'art de faire des sauces fit peu de progrès : il ne se releva que sous le règne de Louis XII. Ce monarque vit s'organiser à Paris une compagnie de *sauciers*, qui seuls obtinrent le privilége de faire des sauces, tandis que les rôtisseurs pouvaient seuls mettre la broche, et les pâtissiers faire des gâteaux. Ce système était assez incommode. Ainsi, celui qui n'avait point de cuisinier, était obligé, s'il voulait manger une matelotte, un godiveau ou une volaille à la sauce piquante, d'aller chercher le vin chez le cabaretier, de le porter chez le saucier, d'y attendre que les sauces fussent faites pour les envoyer chez le rôtisseur ou le pâtissier, et de les y reprendre pour les aller manger chez le traiteur.

Notez que, bien qu'il existât déjà des traiteurs dans ce temps-là, ce ne fut qu'en 1599, sous Henri IV, que ces marchands reçurent l'autorisation de former une communauté, sous le nom de *maîtres-queux cuisiniers porte-chappes*. Les statuts des sauciers datent, au contraire, de 1394.

Taillevaut, célèbre cuisinier du quatorzième siècle, et Platine, auteur latin du quinzième, gastronomes très-érudits, nous ont conservé les noms et la recette des principales sauces et des meilleurs ragoûts de cette époque. On mangeait, disent-ils, le brochet à l'*eau bénite*, le gibier au *saupinet*, au *mosebhan*, la volaille à la *galantine*, à la *poitevine*, à la *dodine*, à la *rappée*.

Taillevaut cite surtout, comme une excellente sauce la *jence*, qui se faisait avec de bonnes et vives amandes pilées, du gingembe, du vin, du beurre et du verjus. Un ragoût qu'il vante encore beaucoup, c'est la fameuse *galimafrée*, dont le nom est devenu si trivial. Pour la préparer, on dépeçait une volaille; on la faisait cuire avec du vin, du beurre, du verjus, du sel, du poivre, de la muscade, un peu de thym et de laurier, des oignons; quand elle était cuite, on liait le jus avec la *cameline*. La cameline était la sauce la plus recherchée, celle que les sauciers vendaient le plus cher, et qui se composait de beurre, canelle, gingembre, clous de girofle, graine de paradis, pain émietté et vinaigre aromatique.

Comme on le voit, à cette époque, les épices dominaient dans les sauces; mais c'était moins une affaire de goût qu'une affaire de vanité : les épices ne paraissaient si bonnes que parce qu'elles étaient fort rares et qu'elles coûtaient très-cher.

Aussi, depuis longtemps, était-ce le cadeau le plus agréable que l'on pût faire à un prince ou à un magistrat.

En 1263, un abbé de Saint-Gilles, en Languedoc, ayant une grande faveur à demander au roi Louis-le-Jeune, ne crut pouvoir mieux apostiller son placet qu'en l'accompagnant de deux cornets d'épices.

Le nom d'épices s'étendit bientôt aux sucreries, aux bombons, aux dragées. C'était principalement en cette monnaie qu'on payait les gens de justice, comme dans les dernières cours de Louis XV et de Louis XVI on payait en bougies certains commis des finances. Saint-Louis fit une ordonnance qui porte : que les juges ne pourront recevoir des *épices* que pour une valeur de dix sous par semaine Cette coutume se perpétua jusqu'à la fin du quatorzième siècle; alors il fut permis de remplacer les paiements en nature par l'argent; mais, pour cela, il fallait présenter requête, et même obtenir arrêt. Un sire de Tournon eut ainsi la permission de donner aux deux rapporteurs d'un procès qu'il avait eu vingt livres en or, au lieu de vingt boîtes de dragées.

Aujourd'hui nous avons un grand nombre de sauces ; mais nous ne nous arrêterons qu'à la sauce *à la tartare*, dont le nom a une origine assez singulière.

Autrefois les valets du petit trait de la maison du roi s'appelaient, par sobriquet, *Tartares*. Lorsqu'ils dérobaient quelque pièce de gibier pendant une chasse, ils se hâtaient de l'éventrer, de l'aplatir, de la griller brusquement dans le bois, et de la manger avec du gros sel et du poivre. Cette méthode furtive fut découverte et passa des valets de limier à la cuisine du grand-veneur.

DU GIBIER.

En terme de chasse, on appelle *gros gibier* les grands animaux sauvages qui servent à la nourriture de l'homme ; *menu gibier*, ceux de ces animaux qui sont d'une grosseur inférieure à celle du renard ; et *gibier à plumes*, tout ce que l'industrie d'un oiseleur peut lui procurer en fait d'oiseaux, soit qu'il les prenne dans des piéges, soit qu'il les tue au fusil.

Parmi les animaux de la première catégorie, les gourmets mettent en première ligne le sanglier. Quoique moins gras, il est de beaucoup préférable au cochon, même à ceux que l'on nourrit de fougères. Les anciens en faisaient un cas particulier ; ils étaient dans l'usage de couper les jeunes marcassins qu'ils trouvaient à la chasse, et de les lâcher ensuite dans la forêt ; ces animaux, mutilés, devenaient à la fois et beaucoup plus gros et beaucoup plus délicats. Il est assez étonnant que le sanglier n'ait pas été introduit en Angleterre. Frédéric Ier, roi de Suède, eut la bonne idée de l'acclimater dans l'île d'OEland.

Les Romains croyaient l'usage du lièvre propre à

embellir le visage : selon eux, une personne qui en mangeait sept jours de suite devenait beaucoup plus belle ; Alexandre Sévère s'en faisait cuire un à tous ses repas. Mais les Grecs le regardaient comme l'emblème de la peur ; Moïse l'avait interdit aux Hébreux, Mahomet à ses disciples. Si l'on en croit César, le lièvre était aussi défendu en Bretagne, où l'on considérait comme un crime énorme d'en goûter.

Le lièvre partage avec le lapin la triste réputation d'être l'animal le plus dévastateur.

Pline et Varron rapportent que Terragone, ville d'Espagne, fut renversée de fond en comble par le nombre considérable de lapins qui avaient creusé leurs terriers sous les maisons de cette ville. La plupart des habitants y furent ensevelis sous les ruines.

Strabon raconte que les habitants des îles Baléares, désespérant de pouvoir s'opposer à la propagation extraordinaire des lapins, prêts à rendre leur pays inhabitable, envoyèrent à Rome des ambassadeurs chargés de demander du secours contre ce singulier ennemi.

Spallanzani nous apprend, dans ses mémoires, que Basiluzzo, l'une des îles Lipari, fut privée de toutes ses récoltes par les mêmes animaux ; cette fois, à la vérité, les habitants plus éclairés que les Baléariens, appelèrent dans leur île une colonie de chats qui purgèrent bientôt le territoire de ces incommodes rongeurs.

Le lapin eut des autels dans l'île de Délos ; des monuments en marbre attestent encore ce culte établi par la crainte. Le lièvre aussi fut placé dans le ciel à côté d'Orion, parce qu'il mit la famine dans l'île de Léros. Il faut espérer qu'il n'y est pas resté.

Martial considère le lapin comme le premier ingénieur qui ait enseigné aux hommes l'art de creuser des mines et des fortifications souterraines. Catule lui donne l'Espagne pour patrie. Il est certain que deux médailles, frappées du temps d'Adrien, représentent l'Espagne sous la figure d'une belle femme, vêtue d'une robe et d'un manteau; un petit lapin s'échappe entre ses jambes. A cette autorité, on peut ajouter celle des étymologistes; suivant eux, le lapin se nommait en hébreu *Saphan*, dont les Phéniciens ont fait *Spania*, et les latins *Hispania*. Que la science est une belle chose!

Quoique timide, le lapin est bon père, bon époux, et s'expose au danger quand on attaque sa femelle ou ses petits. On ne peut lui reprocher l'égoïsme; car, lorsque sa famille est à la picorée, il veille l'oreille au guet, et, dès qu'il aperçoit un ennemi, il frappe rudement la terre avec ses talons, pour donner le signal de la fuite. Il respecte la vieillesse, et l'on a vu un lapin aller fourrager pour nourrir son vieux père aveugle et impotent. Malheureusement toutes ces vertus nous coûtent fort cher.

Le lapin de garenne est incontestablement supérieur au lapin de clapier; mais on est parvenu à donner à celui-ci le goût du premier, en le nourrissant de plantes aromatiques, et en le garnissant intérieurement d'un mélange de saindoux et de poudre de serpolet fleuri, de mélilot et de feuilles de Sainte Lucie, après l'avoir tué bien entendu.

Les anciens étaient très-friands du gibier à plumes, et ils ne donnaient guère de repas où il ne se trouvât des allouettes, ou des bécasses, ou des ortolans, ou des outardes, ou des faisans.

Les allouettes, comme on sait, étaient honorées à Lemnos, parce qu'elles délivraient l'île des sauterelles.

Les bécasses ont la réputation d'être d'excellentes mères; lorsqu'elles sont poursuivies, elles portent, dit-on, le plus faible de leurs petits sous leur gorge ou sur leur dos.

Les Romains tiraient les ortolans de Florence et

de Bologne ; afin de les conserver durant le voyage, on les enfermait tout plumés dans une petite boîte de sapin remplie de farine. Les Romains avaient aussi coutume de faire cuire des ortolans dans des œufs, et ils avaient raison : la coquille de l'œuf conservait la précieuse graisse du petit oiseau, qu'on avait eu soin d'élever dans une chambre faiblement éclairée. C'était également dans des œufs que Lucullus et Apîcius se faisaient servir des bec-figues ; cette fois, les œufs étaient des œufs de paon.

On sait avec quelle ardeur les outardes recherchent la société des chevaux ; en Hollande, on voit des outardes en troupe environner ces animaux, quand ils sont libres dans les champs. Les soldats que Xénophon conduisit en Perse au secours de Cyrus en rencontrèrent beaucoup qui suivaient la cavalerie ; ils les tuèrent et s'en nourrirent.

Le faisan, autrement dit l'oiseau du Phase, avait été rapporté de la Colchide par les Argonautes, avec la toison d'or. Le faisan mâle est remarquable par la beauté de son plumage. Un jour Crésus, revêtu de tous ses ornements royaux, et placé sur un trône éclatant d'or et de pierreries, demanda à Solon s'il avait rien vu de plus magnifique.

— Oui, seigneur, dit ce sage.... J'ai vu des faisans dorés, qui m'ont paru d'autant plus beaux qu'ils devaient leurs ornements à la nature.

Les anciens connaissaient aussi la grive, le pigeon, la caille et la perdrix.

La grive était surtout affectionnée des Romains. Pour n'avoir pas la peine de les prendre à la chasse, ils les élevaient dans des volières faites comme nos colombiers, ne leur laissant voir le jour qu'obliquement pour ne pas les distraire. Ces volières étaient tapissées de ramées et de verdure ; on y faisait serpenter un ruisseau d'eau limpide, qui murmurait sur des cailloux. Une seule dame, comme nous l'avons vu, entretenait ainsi cent mille grives dans sa volière; mais cette profusion était une excentricité : ordinairement, chaque volière n'en renfermait qu'un ou deux milliers. On nourrissait les grives de millet, broyé avec des baies de lentisque, de myrte et de lierre. Agrippine en avait une qui parlait.

Les Grecs nommaient le pigeon *péristère*, plongeur, parce qu'il boit en plongeant son bec, sans relever ensuite la tête comme les autres oiseaux. Les Assyriens croyaient que Sémiramis, dont le nom en assyrien signifie colombe, avait été nourrie dans une forêt par deux pigeons. Nabuchodonosor portait des pigeons sur ses drapeaux. Homère attribue à ces oiseaux le privilége de servir l'ambroisie à Jupiter.

Jusqu'à la première révolution, les Français ont élevé dans des colombiers un nombre considérable de pigeons; la société d'agriculture évaluait ce comestible à quatre millions deux cent mille livres pesant de viande par an. La chair du pigeon de volière a, selon le maréchal Demouchy, une propriété consolante. Toutes les fois que ce seigneur avait perdu un parent ou un ami, il disait à son cuisinier : « Vous me donnerez pour mon dîner deux pigeons rôtis; j'ai remarqué qu'après les avoir mangés je me lève de table beaucoup moins chagrin. »

Comme il n'est pas habituel de manger sans boire, je pense fort que le désolé seigneur avait coutume d'ajouter à sa consolation quelques bouteilles de bon vin.

Pendant que nous sommes sur le chapitre des pigeons, je ne suis pas fâché de porter un petit coup à la réputation des tourterelles, qui ne sont qu'une variété de cette nombreuse espèce. Il y a longtemps que les tourterelles sont renommées pour leur inaltérable fidélité; mais elles ne valent guère mieux que les cailles. Le mâle, parmi les cailles, n'aime sa femelle qu'au moment de la féconder; a-t-elle satisfait son ardeur, il la chasse à coups de bec; si ces désirs renaissent, il prend la première femelle venue; les mères elles-mêmes quittent leurs petits le plus tôt qu'elles peuvent. En fait d'affection et de constance, bien des ménages parisiens, malheureusement, prennent encore modèle, — par erreur, — sur les tourterelles et les cailles.

La caille a néanmoins une vertu, celle de faire revenir les morts. Hercule, suivant un ancien historien, fut tué par Triphon; Solaüs, qui l'accompagnait, prit une caille et la lui présenta sous le nez: l'odeur de cet oiseau succulent ranima les sens du héros et lui rendit la vie. Depuis ce jour, les Phéniciens ont pris la coutume de sacrifier des cailles sur les autels du Dieu.

La caille a aussi une grande réputation de bravoure; les anciens en nourrissaient exprès pour les faire lutter publiquement.

Auguste, étant dans Alexandrie, apprit qu'une caille avait toujours été victorieuse dans les combats qu'elle avait soutenus contre d'autres cailles; il voulut la voir. On lui dit que son intendant Eros l'avait achetée et mangée, sans égard pour ses triomphes; Auguste, furieux, fit arrêter son intendant, et, pour lui faire perdre le goût des cailles, il le fit pendre sur-le-champ.

Voici, du reste, le rang que Pline assigne aux cailles parmi les oiseaux de combat : « On remarque, dit ce célèbre naturaliste, que les perdrix chantent avant le combat, pour s'animer; les cailles pendant le combat, pour insulter leur ennemi; les coqs, après le combat, pour célébrer leur victoire. »

Les perdrix étaient très-communes dans l'île de Chio; c'est de là que René, roi de Naples, les apporta en France, où elles étaient entièrement inconnues avant l'année 1440. Les jeunes pâtres de l'île avaient coutume de les conduire paître par troupeaux, comme nos bergers conduisent leurs moutons. Ces oiseaux sont, à la vérité, très-faciles à apprivoiser : ils sortent pendant le jour de chez ceux qui les élèvent et reviennent le soir au premier coup de sifflet. Oderic de Frioul rapporte qu'un homme voisin de Trébizonde avait apprivoisé ainsi quatre mille perdrix, dans le dessein de les donner à l'empereur; il partit avec elles pour aller trouver le prince à plusieurs lieues de là, dans son château de Thanega. Il marchait à pied, les perdrix volaient au-dessus de sa tête. Lorsqu'il s'arrêtait pour se reposer, les perdrix s'abattaient et se reposaient près de lui. Il arriva ainsi au château, et présenta ses quatre mille perdrix à l'empereur, qui les fit mettre dans ses volières.

DE L'APPÉTIT.

Bien que notre intention n'ait point été de faire ici un traité de l'art culinaire, nous avons cité, dans le cours de cet ouvrage, un bien grand nombre d'aliments. Presque tout dans la nature, hormi les minéraux, qui ne produisent que les remèdes et les assaisonnements, peut, en effet, servir à la nourriture de l'homme. L'air lui-même porte quelquefois avec lui un principe nourrissant; il suffit, pour s'en convaincre, de considérer la fraîcheur des bouchères et des charcutières de Paris. Le sage Démocrite vécut trois jours en respirant la vapeur d'un pain chaud; enfin Forster, dans son voyage au Nord, assure que les matelots de son équipage, privés de nourriture, appaisaient leur faim en se baignant dans la mer et en exposant leur corps trempé au grand air.

Cependant, généralement parlant, il est convenu qu'il n'y a réellement que deux aliments : la *fécule*, que produisent les végétaux, notamment les céréales et les racines tubéreuses, et la *gélatine*, que l'on retire de toutes les substances animales, surtout des os.

Cette réduction à deux des matières vraiment assimilatrices a inspiré aux chimistes du dernier siècle une idée assez originale, sinon lumineuse : celle de composer, à l'intention des soldats et des marins, une poudre nutritive, qui renfermât le plus de substances alimentaires sous le plus petit volume possible. D'abord, les soldats et les marins se réjouirent fort de ce projet ; il était assez récréatif en effet de tenir tout un mois de substances renfermé dans une tabatière et de dîner d'une prise : le bagage était soulagé d'autant ; mais cette joie dura peu. Bientôt les soldats et les marins remarquèrent que leur estomac, quoique suffisamment substanté par cette invention, restait vide et manquait de lest : ils ne retrouvaient plus leur centre de gravité. Ils redemandèrent donc à grands cris le pain de munition et la gamelle, qu'on fut obligé de leur restituer.

Les aliments exercent une influence très-grande sur notre caractère. Dans certains pays, où le peuple vit de châtaignes ou de blé sarrazin, les hommes sont abrutis ; généralement, les aliments grossiers engourdissent les sensations et affaiblissent l'intelligence. Ceux qui se nourrissent de lait ont les goûts indolents. Les nations les plus cruelles sont celles qui sont essentiellement carnivores.

Il est assez difficile de déterminer d'une manière précise la quantité de nourriture absolument nécessaire à l'homme ; cette quantité doit être en rapport avec son âge, son tempérament, ses habitudes ; elle varie suivant les climats. On mange plus au Nord qu'au Midi ; l'impression du froid sur la peau, en augmentant sympathiquement l'action de l'estomac, lui donne une énergie quelquefois excessive, et qui peut aller jusqu'à produire une faim canine ;

tandis que la chaleur, en provoquant la transpiration, relâche les membranes, et leur ôte la force nécessaire pour opérer la digestion. Dans la jeunesse, l'appétit est plus vif, plus fort, plus pressant; les corps robustes ont un plus grand besoin de se réparer que les corps faibles.

On a cherché, néanmoins, à établir un terme moyen. Sanctorius, professeur de médecine à Padoue, qui vécut plusieurs années dans une balance, pour peser ses repas et ses digestions, estime qu'un homme sain, robuste et sobre, peut entretenir sa santé en prenant huit livres de nourriture par jour; dans ce poids, il comprend la boisson pour quatre livres ou deux pintes, les substances végétales pour trois, les matières animales pour une.

Mais il serait cruel d'imposer ce régime à tous tempéraments. L'histoire nous fournit en effet de nombreux exemples d'hommes dont la voracité s'accomoderait peu des prescriptions du célèbre docteur.

Jules Capitolin rapporte que l'empereur Clodius Albinus mangea, dans un seul déjeûner, cent pêches, dix melons, vingt livres de raisin, cent becfigues et trente-trois douzaines d'huîtres.

L'empereur Maximin, le successeur d'Alexandre-Sévère, n'était pas un moins grand mangeur. Aussi devint-il si gras, que deux hommes étaient chargés de lui porter le ventre; les bracelets de sa femme lui servaient de bague. Ajoutons, pour être juste, que Maximin était d'une taille colossale; il avait huit pieds.

Le comédien Phagon mangea dans un jour, devant l'empereur Aurélien, un sanglier, cent pains ronds, un cochon de lait, et but vingt-quatre mesures de vin.

Théodoret parle d'une femme de Syrie qui mangeait tous les jours trente poules, et ne pouvait se rassasier. Alio, femme grecque, défiait les plus grands mangeurs de son temps, et gagnait tous les paris.

Les anciens n'ont pas eu seuls le privilége d'enfanter des *polyphages*.

Guyon rapporte que Maximilien, président de la diète d'Ausbourg en 1510, vit un homme si vorace, qu'il mangeait en un repas un veau et un mouton gras; encore disait-il qu'il mourait de faim.

Il y a peu d'années, il parut en Saxe un homme que l'on a surnommé l'*ogre de Wirtemberg*, et qui était insatiable. Il faisait profession de manger pour de l'argent. Quand il n'avait pas d'aliments, il avalait des vases de terre ou de verre, et lestait son estomac avec des pierres. Un jour il mangea, en plaisantant, deux boisseaux de cerises avec leurs noyaux; une autre fois, il avala un écritoire couvert de plaques de fer, avec les plumes, le canif, l'encre et le sable. Ces faits sont consignés dans les mémoires de l'Académie de Wirtemberg.

Du reste, sans parler ici de ce gardien de la ménagerie du Jardin-des-Plantes, qui mangea en trois jours le lion, son meilleur ami, et sollicita comme une faveur les restes de l'éléphant, nous pouvons citer encore un fait assez récent.

En 1788, arriva à Paris un jeune homme court, trapu, d'une figure assez ignoble, mais ayant le cou large et des dents jusqu'au fond du gosier; il se faisait appeler *Tarare*, et fut quelque temps commissionnaire à la porte des spectacles. Il parvint jusqu'aux tréteaux des parades, et joua le paillasse sur les boulevards. A dix-sept ans, il pesait cent livres, et mangeait dans vingt-quatre-heures, en viande, pain et fruits, le même poids que son corps.

A l'époque où la révolution ferma quelques théâtres, Tarare, ne pouvant gagner sa subsistance, se rendit à l'armée du Rhin; mais le pain de munition et ses petites maraudes ne lui suffirent pas; il tomba bientôt malade, et fut conduit à l'hôpital de Saultz. La première chose qu'il y trouva fut un chat ; il le saisit, et le dévora vivant, en lui tenant la tête et les pattes.

Le bruit de tous ces exploits vint jusqu'au général Beauharnais, qui désira le voir. Dans ce moment, un corps de l'armée était coupé par l'ennemi; le général voulait lui faire passer des ordres : Tarare offrit de les porter. Il endosse un habit de paysan, reçoit la lettre du général, la met dans un étui, l'avale et part. Arrêté par une patrouille autrichienne, son langage éveille les soupçons; on le garde à vue pendant vingt-quatre heures. Cependant la lettre commençait à s'impatienter dans le réduit où elle avait été reléguée; force fut de la laisser sortir. Mais Tarare saisit le moment où ses gardes avaient le dos tourné ; il reprend l'étui, le remet à la poste, s'échappe, fait sa commission, et vient rapporter la réponse de la même manière. La récompense qu'il reçut le mit à même de soutenir quelque temps son existence; mais il ne tarda pas à tomber dans le dénûment, et vint mourir de faim à l'hospice de Versailles, à l'âge de vingt-six ans.

On conçoit qu'il ne faudrait pas un grand nombre d'individus de cet appétit pour troubler l'équilibre économique d'une nation; mais, comme on sait, la Providence veille à tout, et, par opposition à cette gloutonnerie sans pareille, nous avons à citer des exemples d'une sobriété non moins extraordinaire.

Le fameux Cornaro, qui fit un traité sur la tempérance, ne prenait que quatorze onces de liquide et de solide par jour, et il vécut cent ans. Un religieux de la congrégation de Saint-Maur, nommé Léauté, homme pénétré de l'amour divin, a passé plusieurs carêmes sans boire ni manger. Il a été prouvé que Marie Pelet, de Laval, à trois lieues de Mons, avait vécu trois ans de la même manière.

Anne Harlay, d'Orival, près Rouen, vécut vingt-six ans en buvant seulement un peu de lait.

Mais ces exceptions sont toutes fort rares. Généralement, de notre temps surtout, ce n'est pas par l'appétit que les hommes diffèrent, et, si nous tenions à établir une différence, nous préférerions adopter cette proposition d'un philosophe du siècle dernier, qui, l'appétit égal d'ailleurs, divisait tout simplement les hommes en deux classes : ceux qui avaient plus de dîners que d'appétit, et ceux qui avaient plus d'appétit que de dîners.

FIN.

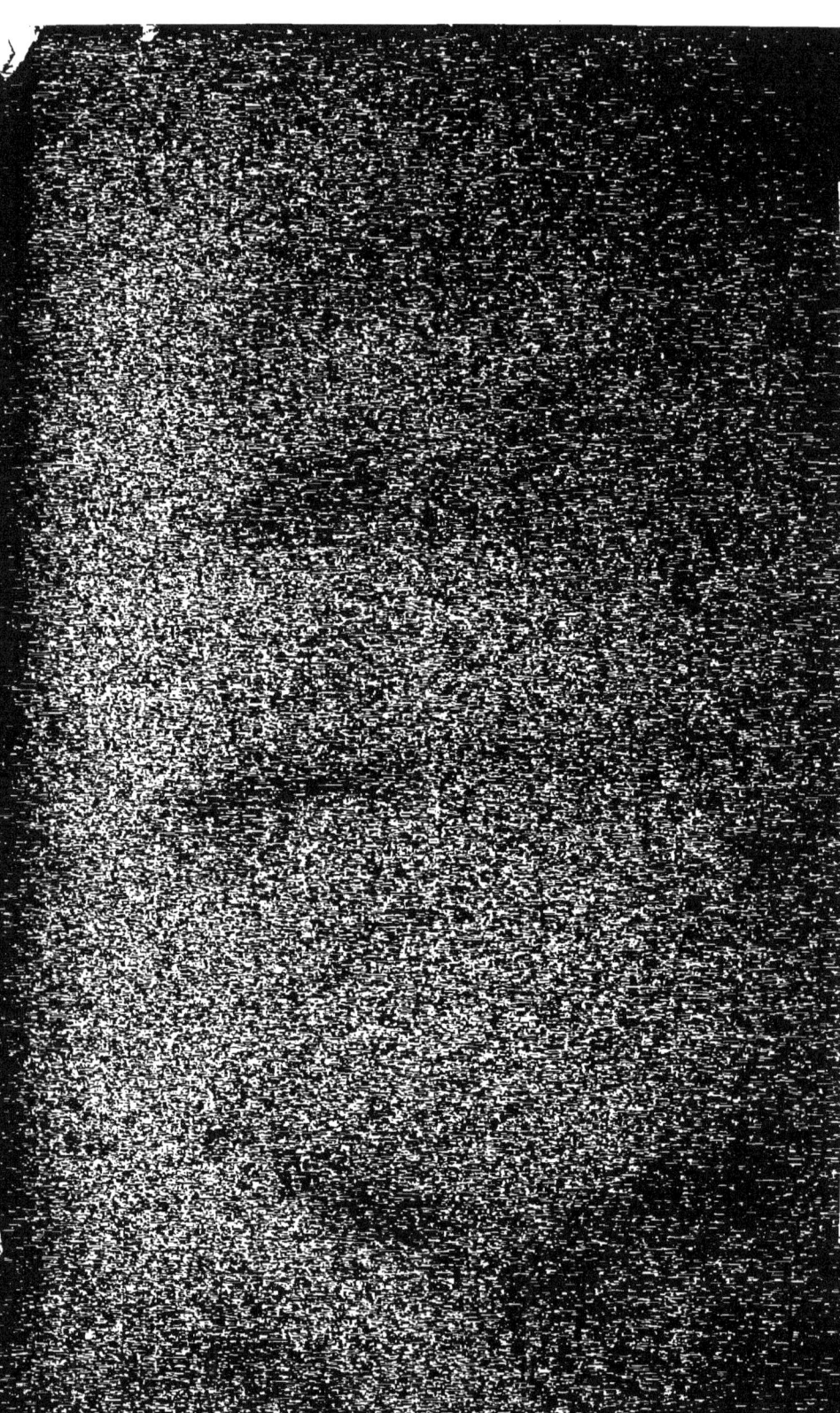

www.ingramcontent.com/pod-product-compliance
Lightning Source LLC
LaVergne TN
LVHW050600090426
835512LV00008B/1275